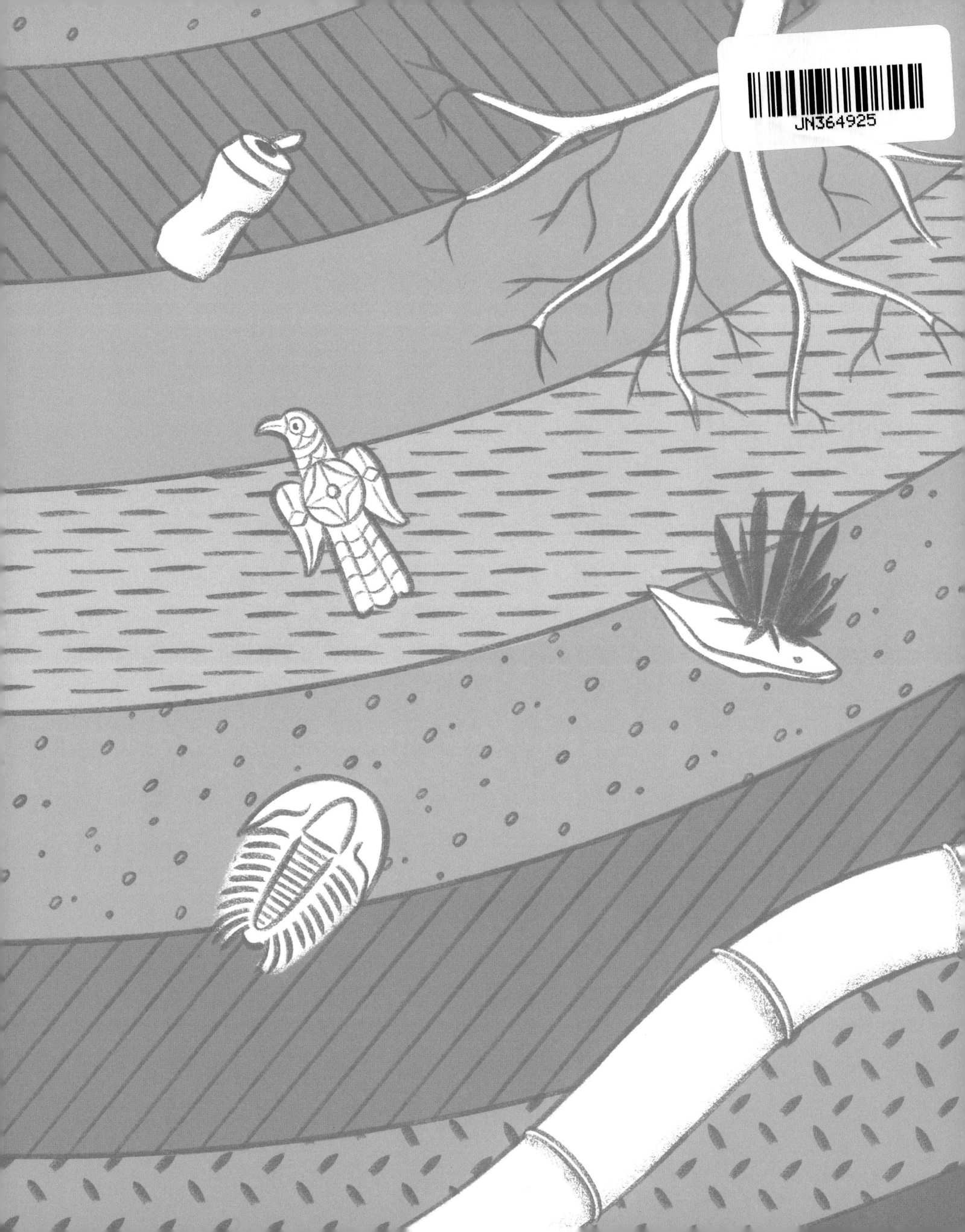

이 책을

_____

_____에게

드립니다.

# DEEP

지은이 제스 맥기친 · 옮긴이 윤영 · 감수자 정현철

더숲 STEAM

이 책을 나의 가족과 친구들,
그리고 깊은 곳을 탐험하는 사람들,
특히 그곳을 지키기 위해 애쓰는 분들에게 바칩니다.

기꺼이 전문적인 지식과 시간을 나누어 주신 캐서린 웰러 박사, 헤이즐 리처즈 박사,
밀리 맥도널드, 조해너 심킨 박사, 톰 메이 박사, 다이앤 브레이, 캐롤린 포스터,
앨리스 서덜랜드-호스에게 깊은 감사를 드립니다.

**DEEP**

First published in 2022 by Welbeck Children's Limited, An imprint of Hachette Children's Group.
Text and illustrations ⓒ Jess McGeachin 2022
Korean translation rights ⓒ The Forest Book Publishing Co. 2024
Published by arrangement with Welbeck Children's Limited through AMO Agency
All rights reserved.

이 책의 한국어판 저작권은 AMO 에이전시를 통해 저작권자와 독점 계약한 더숲에 있습니다.
저작권법에 의해 한국 내에서 보호를 받는 저작물이므로 무단 전재와 무단 복제를 금합니다.

# 차 례

| | |
|---|---|
| 감수의 글 | 8 |
| 깊은 곳에 온 걸 환영해요 | 10 |
| **깊은 바다** | **12** |
| 심해의 거인들 | 14 |
| 점점 신기해지는걸 | 16 |
| 대양저 | 18 |
| **깊은 숲** | **20** |
| 낮에는/밤에는 | 22 |
| 다 합치면 1천만 마리? | 24 |
| 땅 위의 친구들 | 26 |
| **깊은 지구** | **28** |
| 숨겨진 보물 | 30 |
| 동굴 | 32 |
| 땅속에 지은 집 | 34 |
| 지하 도시 | 36 |
| 하수도 속으로 | 38 |
| 땅에 묻힌 비밀 | 40 |
| **깊은 시간** | **42** |
| 과거를 밝혀내는 단서 | 44 |
| 우리가 남겨 놓은 것 | 46 |
| 앞으로 나아갈 길 | 48 |
| **깊은 우주** | **50** |
| 우리 눈에 보이는 것 | 52 |
| 우리 눈에 보이지 않는 것 | 54 |
| 미지의 세계로 | 56 |
| **깊은 몸속** | **58** |
| 피부 아래 | 60 |
| 몸속 많은 일꾼들 | 62 |
| **깊은 관계** | **64** |
| **깊은 곳에서 살아남기** | **65** |
| 용어 사전 | 66 |
| 찾아보기 | 68 |

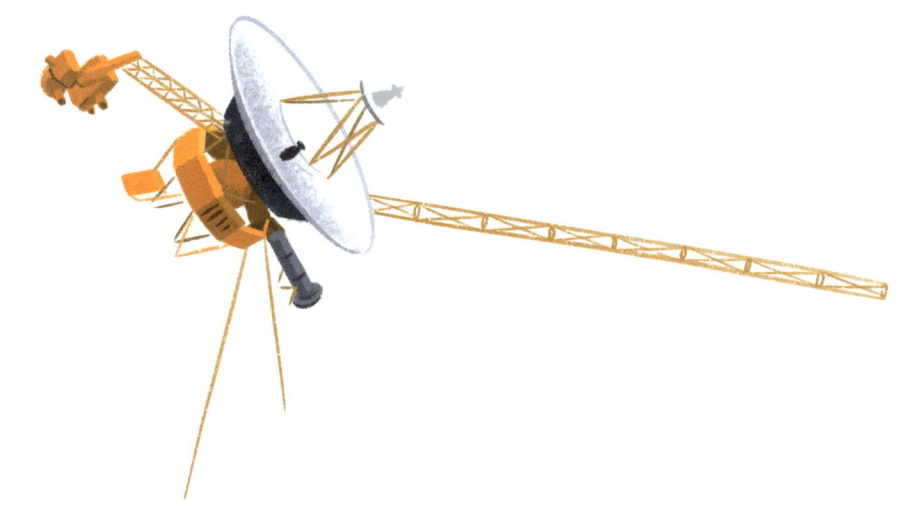

감수의 글

# 아이들의 과학적 호기심과 상상력을 자극하는 멋진 선물 같은 책

과학 영재들을 오랫동안 만나면서 알게 된 사실은 과학 영재들은 단지 머리가 좋거나 학업 성적이 우수한 것이 아니라 풍부한 호기심과 상상력을 가지고 있다는 점입니다. 특히 호기심과 상상력은 어려서부터 경험하고 체득하는 것이 매우 중요합니다. 아이들의 무한한 호기심과 상상력을 자극하는 일이야말로 아이들에게 줄 수 있는 가장 멋진 선물입니다.

《DEEP 딥》과 《HIGH 하이》는 바로 그런 선물과도 같은 책입니다. 깊은 바다의 신비로운 세계, 생명의 다양성, 끝없이 펼쳐진 하늘의 아름다움, 고대의 역사와 기술의 진보에 이르기까지 아이들을 놀라운 지식과 상상의 세계로 안내합니다. 아이들은 페이지를 넘길 때마다 깊고 깊은 바다의 환상적인 생명체들과 높고 높은 하늘을 유영하는 갖가지 새들, 땅 위 다양한 곳에 서식하는 동식물들 그리고 경외감을 느끼게 하는 자연의 풍광을 만날 것입니다. 이 책에서 펼쳐지는 경이로운 세상은 아이들이 이해하기 쉽도록 설명되어 있으며, 풍부한 이미지와 일러스트레이션이 과학적 호기심을 불러일으킵니다.

이 책을 통해 아이들은 주변 세계를 새로운 시각으로 바라볼 것이며, 과학이 우리 일상에 얼마나 깊숙이 뿌리내리고 있는지 깨닫게 될 것입니다. 탐험하고, 발견하고, 배우고 싶어 하는 모든 이에게 이 책을 권합니다. 과학의 놀라운 세계로 첫걸음을 내딛는 이들에게 이 책이 최고의 안내자가 되어 줄 것입니다.

정현철(전 KAIST 과학영재교육연구원장)

## 깊은 곳에 온 걸 환영해요

여러분은 태양계 가장자리 너머에 무엇이 있을지 상상해 본 적 있나요?
또는 차가운 바다 깊은 곳에 무엇이 사는지, 그곳에 햇빛은 비치는지 생각해 본 적은요?

이제 우린 세상의 가장 깊은 곳으로 여행을 떠날 거예요.
그곳은 조금 낯설 수 있으니 마음의 준비를 하세요.
기온은 아주 낮고, 압력은 강하며, 어딜 가나 캄캄하거든요.

어쩌면 이 머나먼 곳이 우리와 상관없어 보일 수 있어요.
하지만 우리가 하는 행동이 그곳에 영향을 미친답니다.
우리가 먹은 점심은 우리의 장 속 깊은 곳에 사는 미생물에게 영향을 미치고
우리가 버린 플라스틱은 깊고 깊은 해저에서 발견되기도 해요.
우리가 땅속에서 발견한 단서로 예전에 그곳에서 일어났던 일들을 추측할 수도 있고요.

이 숨겨진 깊은 세상을 조금 안다고 생각하나요?
아니요, 아직 모르는 게 훨씬 많을걸요.
그러니 망설이지 말고 지금 당장 저 깊은 곳으로 뛰어들어 봐요.

### 햇빛 지대

### 황혼 지대
**200미터 아래**

햇빛 지대의 따뜻한 물 밑에는 황혼 지대가 있어요. 이 차갑고 어두컴컴한 물속은 바닷새 같은 수면의 포식자로부터 몸을 숨기기에 좋은 장소예요. 하지만 여기에도 사냥꾼이 있다는 사실을 잊지 마세요.

### 암흑 지대
**1,000미터 아래**

1,000미터 아래로 내려가면 엄청 캄캄해요. 그렇다고 여기에 빛이 전혀 없는 건 아니에요. 저 멀리 으스스한 빛이 보이나요? 바로 스스로 빛을 만들어 내는 생물이랍니다. 어떤 생물은 평생을 깜깜한 암흑 지대에서 살지만, 향유고래처럼 가끔씩 이곳에 놀러 오는 이들도 있어요.

### 심해대
**4,000미터 아래**

심해대에선 살기가 쉽지 않아요. 이곳에 사는 이들은 극한의 압력과 낮은 온도를 견뎌야 하거든요. 먹이도 부족해서 먹이가 될 만한 것을 발견하면 최대한 입을 크게 벌려서 한입에 꿀꺽 삼켜야 해요.

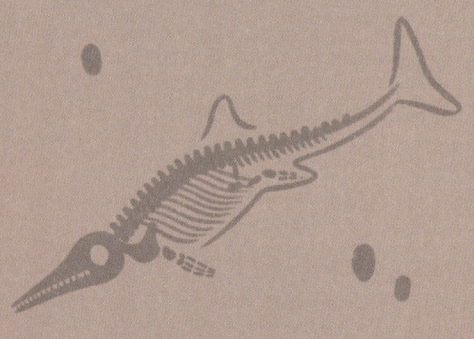

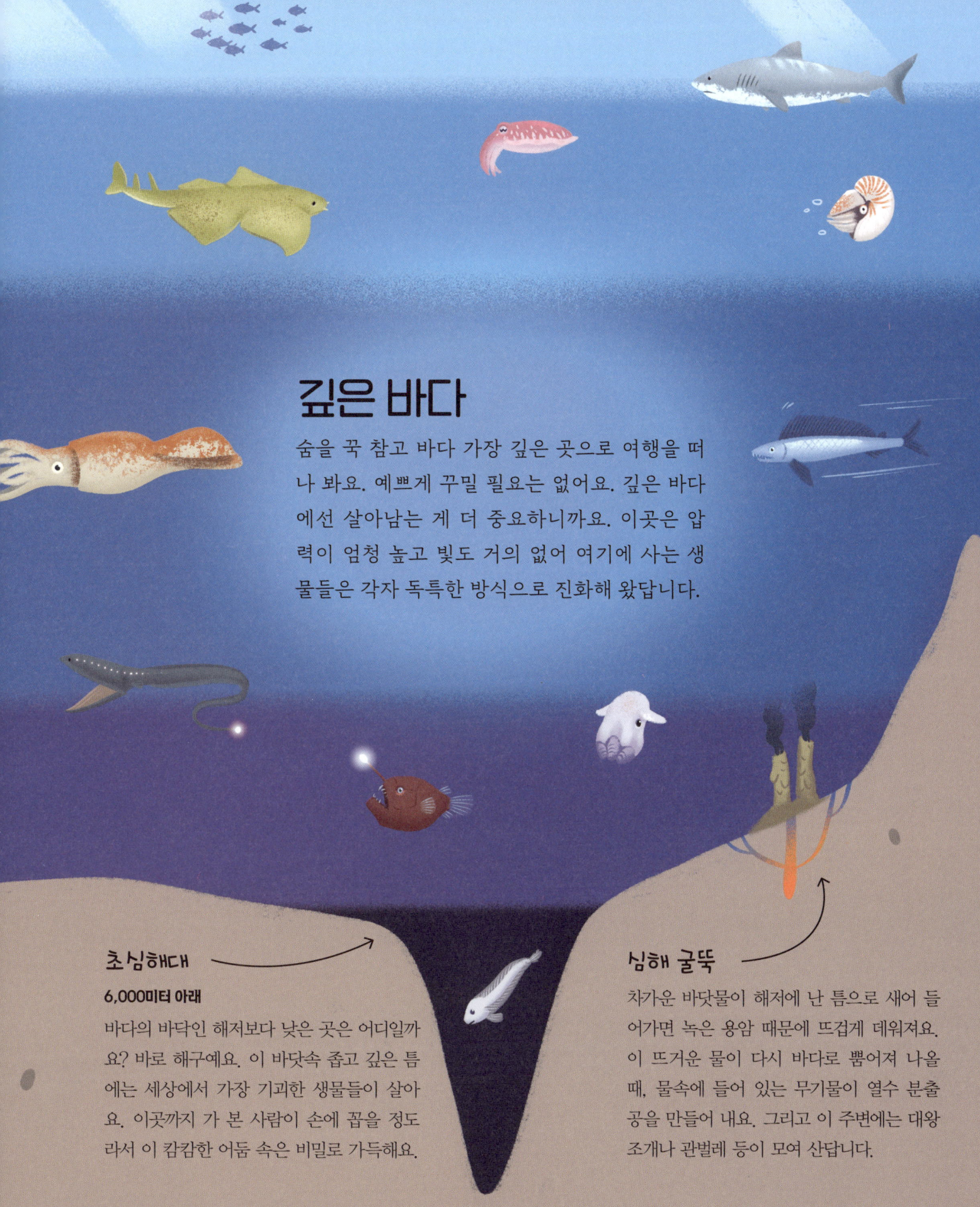

# 깊은 바다

숨을 꾹 참고 바다 가장 깊은 곳으로 여행을 떠나 봐요. 예쁘게 꾸밀 필요는 없어요. 깊은 바다에선 살아남는 게 더 중요하니까요. 이곳은 압력이 엄청 높고 빛도 거의 없어 여기에 사는 생물들은 각자 독특한 방식으로 진화해 왔답니다.

### 초심해대
**6,000미터 아래**

바다의 바닥인 해저보다 낮은 곳은 어디일까요? 바로 해구예요. 이 바닷속 좁고 깊은 틈에는 세상에서 가장 기괴한 생물들이 살아요. 이곳까지 가 본 사람이 손에 꼽을 정도라서 이 캄캄한 어둠 속은 비밀로 가득해요.

### 심해 굴뚝

차가운 바닷물이 해저에 난 틈으로 새어 들어가면 녹은 용암 때문에 뜨겁게 데워져요. 이 뜨거운 물이 다시 바다로 뿜어져 나올 때, 물속에 들어 있는 무기물이 열수 분출공을 만들어 내요. 그리고 이 주변에는 대왕조개나 관벌레 등이 모여 산답니다.

## 심해의 거인들

어마어마하게 큰 동물은 여러분의 상상 속에만 존재하는 게 아니에요. 몇몇 심해 동물은 진짜로 어마어마하게 커요. 이렇게 크게 자라는 것을 심해 거대증이라고 하는데 먹이와 산소의 부족, 낮은 온도 등이 원인이라고 해요. 대왕오징어 같은 경우는 길이가 14미터까지 자란대요!

## 신화와 전설

세상엔 오징어를 닮은 거대 생물인 크라켄에 관한 전설이 많아요. 아마 대왕오징어를 본 뱃사람들의 말을 듣고 지어낸 이야기일 거예요. 뱃사람들은 대왕오징어를 무시무시한 적으로 묘사했지만, 실제로 대왕오징어는 여러분이 심해 물고기가 아니라면 위협을 가하지 않아요.

산갈치

도요새장어

## 서로 도우며 살아요

거대 관벌레

대부분의 생물은 태양으로부터 에너지를 얻지만 심해의 열수 분출공에 사는 거대 관벌레는 달라요. 이 신기한 동물의 몸속에 있는 박테리아가 열수 분출공에서 나오는 화학 성분을 먹이로 바꿔 주거든요. 대신 관벌레는 박테리아가 자기 몸속에 살 수 있도록 집을 제공해 주죠.

심해 거대 등각류

## 내 색깔 어때?

심해 생물들 대부분이 같은 색깔이라는 것을 눈치챘나요? 심해에서는 빨간색을 구별하기가 힘들어요. 빨간색이 그저 시커멓게만 보이거든요. 눈에 띄지 않고 지내기 위해 똑똑한 선택을 한 거랍니다.

대왕오징어

거대 패충류

## 갑옷처럼 튼튼해요

일본거미게나 심해 거대 등각류 같은 절지동물은 딱딱한 골격이 몸 바깥에 있어요. 그래서 포식자로부터 몸을 보호하기에 좋아요. 하지만 이 외골격이 커지지 않기 때문에 수시로 껍질을 벗어야만 해요. 이것을 탈피라고 해요.

큰바다거미

일본거미게

# 점점 신기해지는걸

바닷속 깊숙이 들어갈수록 점점 더 신기한 생물이 많아져요. 캄캄한 바다에서 가장 중요한 건 무언가를 잡아먹는 일, 또는 잡아먹히지 않게 피하는 일이에요. 심해 생물들은 이런 곳에서 살아남기 위해 적응해 왔어요. 남들 눈에 안 띄고 싶나요? 도끼고기처럼 투명한 피부를 가져 보세요. 먹잇감을 유인하고 싶나요? 심해 아귀처럼 빛을 내 봐요.

빗해파리

## 척추가 없어도 괜찮아

척추가 없는 동물을 무척추동물이라고 불러요. 심해에선 오히려 척추가 없는 게 편해요. 주머니귀오징어는 포식자에게 겁을 주기 위해 물로 몸을 부풀리고, 빨리 도망가야 할 때는 그 물을 뿜어서 추진력을 얻어요. 슈욱!

주머니귀오징어

할리트레페스 마시 젤리

보석오징어

## 빛나는 내 몸 어때?

바다 깊은 곳까지는 햇빛이 도달하지 못해요. 그래서 물고기들은 직접 빛을 내기로 했어요. 이걸 생물 발광이라고 해요. 먹잇감을 유혹하기 위해 미끼로 빛을 이용하는 심해어가 있는가 하면, 몸을 숨기기 위해 빛을 이용하는 심해어도 있어요.

도끼고기

풋볼피시

랜턴피시

## 입을 쩌억

입이 작다고 많이 먹지 못하는 건 아니에요. 어떤 심해어는 턱이 헐겁게 붙어 있어서 먹잇감을 통째로 집어삼킬 수 있어요. 이빨이 너무 길어서 입을 제대로 다물지 못하는 물고기도 있고요.

슬론스 바이퍼피시

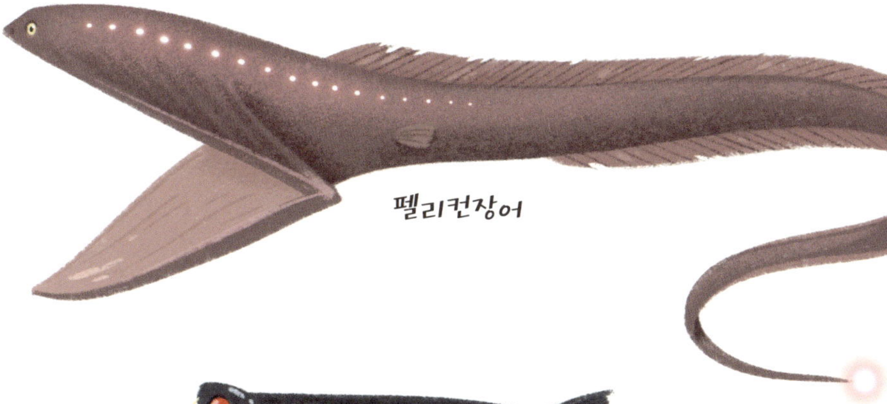

펠리컨장어

검정아귀

쥐덫고기

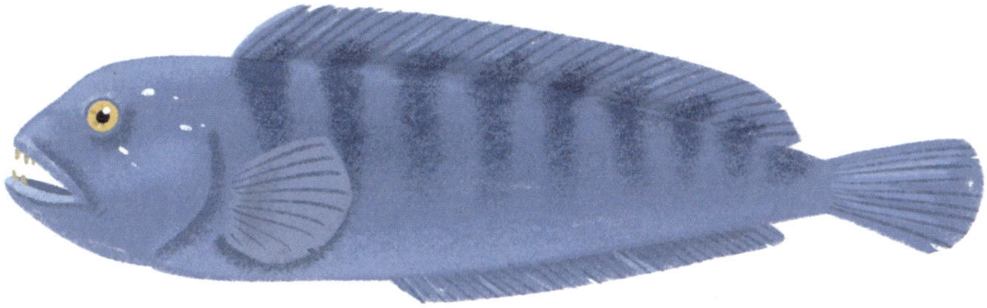

대서양울프피시

송곳니물고기

덤보문어

세발치

## 바닥에 사는 개성만점 친구들

해저에 사는 많은 생물들은 아래로 가라앉은 죽은 동물들을 먹고사는 청소부들이에요. 그 중에서도 특이한 친구들을 소개할게요. 세발치는 지느러미를 이용해 땅바닥을 '걸어' 다닐 수 있어요. 또 먹장어는 먹잇감을 더 잘 잡기 위해 몸을 매듭 모양으로 꼰답니다.

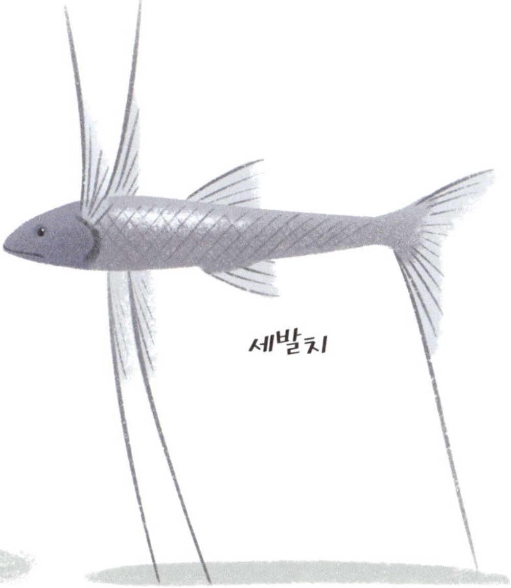

먹장어

## 대양저

우리는 이제 대륙붕으로부터 심해 평원, 그리고 해구까지 쭉 이어진 대양저에 도착했어요. 여기에서는 넓디넓은 다시마숲을 발견할 수도 있고 해저 화산을 찾을 수도 있어요. 하지만 이곳에는 무엇보다 빼놓을 수 없는 한 가지, 바로 인간이 남긴 흔적을 발견할 수 있답니다.

### 위에서 온 손님들

심해 탐사용 잠수정은 엄청난 압력을 견딜 수 있도록 만들어졌어요. 그래서 사람들을 태우고 해구까지 갈 수 있어요. 일부는 로봇 팔이 있어 거기에서 찾아낸 것들을 뒤져 볼 수도 있어요.

### 사라진 보물을 찾아라

몇백 년 전에는 머나먼 곳으로 보물을 옮길 때 배를 이용했을 거예요. 그러다 그 배가 가라앉기라도 하면 보물은 영영 어딘가에 숨겨져 있게 되죠. 지금까지 우리는 대양저에서 스페인의 황금, 로마의 조각상, 진짜 해적의 전리품을 찾았어요. 만약 떠도는 이야기가 사실이라면 아직도 찾지 못한 보물들이 엄청나게 많이 있을 거예요.

## 난파선은 쓸모가 많아요

대양저 여기저기에는 난파선이 흩어져 있어요. 끔찍한 사고로 가라앉은 것도 있고 전투 중에 일부러 침몰시킨 것도 있어요. 난파선을 잘 살펴보면 배를 만든 사람, 승객, 마지막 여정에 대한 단서를 찾을 수 있어요. 때로는 물고기들을 위한 멋진 집이 되기도 한답니다!

## 여기에도 쓰레기가 있어요

대양저에서 가장 흔히 보이는 것은 물고기도 갑각류도 아니에요. 바로 쓰레기죠. 미세 플라스틱이 해저에서도, 또 심해 생물들의 몸속에서도 발견돼요. 심지어 세계에서 가장 깊은 해저로 알려진 마리아나 해구에서도 플라스틱이 발견되었다고 해요.

## 햇빛이 필요해

숲에선 땅과 가까워질수록 점점 더 어두워져요. 하층 식물이란 이렇게 낮은 곳에서 자라는 식물을 뜻해요. 이곳에 사는 식물은 햇빛을 조금이라도 더 받기 위해 잎을 크게 틔우죠. 눈이 어둠에 익숙해지면 나무줄기에 느슨하게 감겨 있는 뱀이나 점박이 줄무늬를 가진 동물이 저 멀리에서 지켜보는 것을 알아차릴 수 있을 거예요.

## 숲 바닥에도 생물이 살아요

숲 바닥에는 썩어 가는 나뭇잎, 과일, 씨앗 등이 두껍게 쌓여 있어요. 이런 것들이 만들어 내는 영양분은 버섯, 벌레, 곤충의 완벽한 먹이가 돼요. 흰입술페커리처럼 땅에 사는 동물들도 발견할 수 있어요. 흰입술페커리가 떼를 지어 우르르 몰려다니면 흙이 파헤쳐져 새로운 식물들이 자라기에 좋은 환경이 된답니다.

### 나뭇가지 사이에

우거진 나뭇잎은 숲의 지붕이라고 할 수 있어요. 수많은 새, 원숭이, 곤충이 빽빽한 나뭇가지와 나뭇잎 사이에서 살고 있어요. 나무 사이를 빠르게 옮겨 다니며 사는 동물이 있는가 하면, 세발가락나무늘보처럼 유유자적 사는 동물도 있어요. 나무늘보는 나뭇잎과 잔가지를 천천히 씹다가 오랫동안 쿨쿨 낮잠을 잔답니다.

# 깊은 숲

아마존의 깊은 숲에 온 걸 환영해요. 이곳은 빽빽한 나뭇잎들 때문에 빛이 새어 들어올 틈이 없어요. 이렇게 어둡고 축축한 곳에는 작디작은 곤충부터 큰 포식자까지 수많은 생명이 살아요. 언뜻 위험한 곳처럼 보일 수도 있지만, 우리 지구에 매우 중요한 곳이랍니다.

### 강이 흘러 흘러

아마존강은 열대 우림의 심장부를 가로질러 구불구불 흘러가요. 강둑에는 거대한 아나콘다와 검정카이만이 살고, 맑은 물속에는 피라냐와 아마존강돌고래가 헤엄을 쳐요.

## 낮에는

눈길을 끄는 동물을 만나고 싶다면 정글만 한 곳이 없어요. 알록달록한 새, 멋쟁이 원숭이, 형광 개구리 모두 눈에 확 띄거든요. 그중에는 짝짓기 상대를 찾기 위해 또는 자신을 건드리지 말라는 경고의 의미로 치장하는 동물도 있어요.

황제타마린

고함원숭이

### 시끌시끌 원숭이 세상

정글은 시끌시끌하답니다. 혹시 엄청나게 요란한 고함 소리를 들었나요? 아마 고함원숭이가 자기 영역을 지키려고 내는 소리일 거예요. 아주 높게 찍찍거리는 소리가 들리나요? 타마린원숭이가 친구를 부르는 소리일 거예요.

호아친

아마존물총새

### 킁킁, 냄새가 나

아마존에는 1,500종류가 넘는 새들이 살고 있어요. 화려한 색을 자랑하는 새, 쓸모 있는 부리를 갖고 있는 새, 특이한 냄새를 풍기는 새까지…… 그중에서 호아친은 음식을 위 속에서 천천히 발효시켜 소화해요. 그러다 보니 무척 자극적인 냄새를 풍겨요. 하지만 헤어스타일만은 정말 멋지죠?

독화살개구리

### 눈으로만 보세요

정글에는 가까이하고 싶지 않은 것들도 많아요. 독화살개구리는 너무나 아름답지만 그 화려한 색이 이렇게 말해요. '난 위험해, 그러니 나한테 다가오지 마!' 아나콘다와의 포옹도 피하는 게 좋아요. 숨이 막혀 죽을 정도로 세게 포옹을 할 테니까요.

맥

# 밤에는

밤이 와도 마음 편히 잘 수는 없어요. 소란스럽게 윙윙거리는 곤충 소리가 나무 사이로 울려 퍼지고, 살쾡이가 낮게 으르렁거리는 소리에 신경이 곤두설 테니까요.

흡혈박쥐

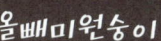
올빼미원숭이

## 눈을 휘둥그레

덤불 속에서 누군가 눈을 크게 뜨고 여러분을 빤히 쳐다보나요? 아마 야행성 올빼미원숭이나 낯선 포투 새일 거예요. 둘 다 눈이 엄청 크죠? 칠흑같이 어두운 밤에 조금이라도 더 잘 보려고 그러는 거예요.

포투

재규어

## 슬금슬금 포식자들

정글에선 해가 뜨는 새벽과 해가 지는 황혼이 가장 위험해요. 특히 재규어가 맛있는 먹잇감을 찾아 강둑을 서성일 거예요. 그렇다고 물속에 숨을 생각은 하지 마세요. 거기에도 무서운 동물들이 숨어 있으니까요.

골리앗 버드이터

타란툴라

왕아르마딜로

그린 아나콘다

# 다 합치면 1천만 마리?

정글을 지나가는 구불구불한 나뭇잎 행렬이 보이나요? 그건 아마도 집으로 나뭇잎을 옮기는 잎꾼개미들일 거예요. 이 곤충은 땅속에 집을 만들어 사는데, 한 군집의 수가 무려 1천만 마리에 이른대요. 개미들은 각자 다른 일을 맡고, 하는 일에 따라 자라는 크기도 달라요.

수렵개미

## 나뭇잎을 잘라서 영차영차

수렵개미는 신선한 나뭇잎을 찾아 숲을 탐험해요. 그러다 완벽한 나뭇잎을 발견하면 튼튼한 턱으로 잘게 자른 뒤 집까지 가져오죠. 잎꾼개미는 자기 몸무게보다 50배 무거운 것도 들 수 있대요!

정원사개미

버섯 정원

## 버섯을 기르느라 바빠요

사실 잎꾼개미는 가져온 나뭇잎을 먹지 않아요. 정원사개미들이 잎을 씹어서 지하 농장에 심으면 거기서 특별한 종류의 버섯이 자라요. 다 자란 버섯은 애벌레가 먹고, 그 애벌레는 보모개미가 된답니다.

병정개미

## 불청객은 안 돼!

누구든 불청객을 싫어하기 마련이죠. 병정개미는 초대받지 않은 손님이 들어오는 것을 막아 여왕개미를 지키고, 일개미와 둥지를 보호해요. 이 병정개미가 군집 안에서 가장 크게 자라요. 당연히 여왕개미 전하는 제외하고요.

## 여왕개미는 고귀한 몸이야

여왕개미는 개미 세계에서 가장 중요한 역할을 한답니다. 바로 알을 낳는 것이죠. 군집이 작으면 여왕개미가 하나지만, 군집이 크면 네다섯 마리가 있기도 해요.

쓰레기처리개미

여왕개미

## 누군가는 해야 해

개미들이 많으면 쓰레기도 많이 생겨요. 버섯 정원에서 생긴 쓰레기는 특별한 쓰레기장으로 옮겨지거나 개미집 밖으로 치워져요. 여기서 일하는 일개미는 다른 개미, 특히 여왕개미를 피해 다녀요. 병을 옮기면 안 되니까요.

쓰레기장

# 땅 위의 친구들

숲 바닥은 생명으로 가득 차 있어요. 이 어둡고 축축한 곳은 낙엽에서 영양분을 얻는 버섯에게는 무척 완벽한 공간이죠. 덤불 아래엔 수천 종류의 곤충이 살고 있어요. 하지만 변장을 하고 있어서 언뜻 발견하지 못할 수도 있어요.

붉은바구니버섯

파란애기무리버섯

주발버섯

망태말뚝버섯

## 놀라운 버섯들

열대 우림엔 수천 종류의 버섯이 있는데, 각각 그 특징이 달라요. 말뚝버섯은 끔찍한 냄새를 풍기고, 먼지버섯은 별 모양으로 피어나며, 받침애주름버섯은 어둠 속에서 빛을 내요.

분홍느타리버섯

게발톱버섯

동충하초

목도리방귀버섯

받침애주름버섯

## 좀비를 만드는 곰팡이?

좀비 같은 건 없다고 생각하나요? 일부 동충하초가 퍼뜨리는 포자는 개미를 감염시켜 그들의 행동을 통제할 수 있는데도요? 버섯의 포자는 개미로 하여금 집을 나와 버섯이 자라기 좋은 장소를 찾게 만들어요. 결국 개미는 죽고 포자만 남아요.

콩꼬투리버섯

노란창싸리버섯

26

## 내가 보이나요?

잡아먹히지 않기 위해선 일단 눈에 띄지 않는 게 가장 좋은 방법이에요. 말머리방아깨비는 얼핏 보면 막대기처럼 생겼어요. 나뭇잎여치는 날개에 구멍까지 있어 썩은 나뭇잎으로 착각하게 만들어요. 모두 위장의 달인들이죠.

## 현미경은 필요 없어요

이 녀석들을 관찰할 땐 현미경 같은 건 필요 없어요. 타이탄하늘소는 무려 16센티미터까지 자라고, 아마존왕지네는 몸길이가 30센티미터나 되니까요. 조심하세요. 지네는 강한 독을 지니고 있어요.

### 맨틀

뜨겁고 끈적한 상태의 산소, 마그네슘, 규소로 이루어진 지구에서 가장 두꺼운 층이에요. 온도는 위치에 따라 크게 다른데 지각을 받치고 있는 위쪽은 차갑지만, 아래쪽은 부분적으로 녹은 암석이 천천히 움직이면서 지글지글 끓고 있어요.

### 외핵

외핵 물질은 조금 더 유동적이에요. 지구가 회전하면 액체 상태의 철과 니켈도 같이 흘러요. 이 움직임이 지구에 자기장을 만들어 낸답니다.

### 내핵

지구의 가장 중심부에는 모든 것을 태워 버릴 정도로 뜨거운 금속 공이 자리하고 있어요. 고체 상태의 철과 니켈로 이루어진 내핵의 온도는 5,400도 정도로 태양 표면의 온도와 거의 비슷해요.

### 지각

지각은 재미없는 곳이라고요? 그렇지 않아요. 지각은 맨틀 윗부분과 함께 우리가 살아가는 단단한 껍데기를 이루고 있어요. 지구의 다른 층과 비교하면 매우 얇지만, 이곳엔 흙과 바다가 있고 안에는 마그마(녹은 암석)도 있어요.

# 깊은 지구

지구가 케이크라면 잘 만든 케이크는 아닐 거예요.
중심부는 오래 익혔고, 중간은 아직 너무 뜨겁고 끈적하며,
바깥쪽은 바위처럼 단단한 데다 금도 심하게 갔으니까요.
먹으려다 치아가 부러지거나 뜨거워서 혀가 델 게 분명해요.
하지만 이 지구는 정말 대단한 곳이에요.
우리 함께 지구 표면 아래로 모험을 떠나 봐요.
과연 이 아래엔 무엇이 숨겨져 있을까요?

### 화산

지구에도 뽀루지 같은 게 있어요. 마그마가 지각을 뚫고 분출할 때 화산이 만들어져요. 이런 현상은 종종 지각 표층 가장자리에서 일어나요. 이곳에서 지구의 표면을 이루는 조각들이 서로 부딪치거나 천천히 떨어져 나가기도 해요.

# 숨겨진 보물

지표면 아래는 열기와 압력이 어마어마해서 암석과 광물이 만들어지기에 완벽한 곳이에요. 여러분이 상상할 수 있는 모든 형태, 색깔, 크기의 암석과 광물이 있고, 그것들은 다양한 용도로 사용되죠.

이판암

## 광물이 암석으로

한 가지 이상의 광물이 있다면 다음과 같은 경우에 암석이 만들어질 수 있어요. 바로 용암이나 마그마가 식을 때(화성암), 오래된 암석이 부서졌다가 다시 단단하게 뭉쳐졌을 때(퇴적암), 열기와 압력이 한 광석을 새로운 것으로 만들어 놓을 때(변성암)랍니다.

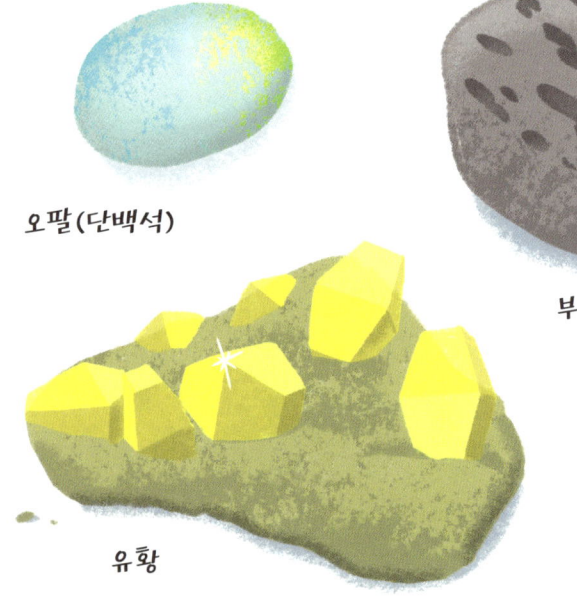

오팔(단백석)

부석

유황

흑요석

휘안석

## 결정 모양과 크기가 달라요

광물은 다양한 원소로 만들어지는데 대부분은 결정 형태를 이루고 있어요. 직육면체나 뾰족한 바늘 모양 결정도 있고, 너무 작아서 눈에 보이지 않는 결정도 있답니다.

규공작석

홍연석

방연석

망간석

시아노트리차이트

## 광물로 그림을 그려요

우리는 수십만 년 전부터 광물을 으깨 물감 재료로 사용해 왔어요. 고대 이집트인은 무덤 벽을 칠하기 위해 선명한 초록색 공작석을 사용했어요. 또 중세 예술가들은 밝은 파란색을 띠는 남동석을 가장 좋아했죠. 요즘 만드는 폭죽도 다양한 광물을 이용해 색을 만들어 낸답니다.

## 욕심은 위험해

우리가 항상 사용하는 전화기나 컴퓨터에도 다양한 광물과 금속이 필요해요. 하지만 그것들을 캐내는 과정에서 환경을 파괴하게 돼요. 지나치게 욕심을 부린다면 지역 사회와 그들의 땅, 나아가 우리 모두에게 좋지 않은 영향을 미칠 수 있어요.

# 동굴

이 깊은 지하 동굴까지 잘 찾아왔군요. 다들 멋진 동굴 탐험가 같아요. 수천 년이 넘는 시간 동안 땅속에 흘러 들어온 물이 바위를 녹여 새로운 공간을 만들어 낸 게 동굴이에요. 보통은 석회암 지대에 만들어지지만, 얼음이나 용암 때문에 생긴 동굴도 있어요. 이곳은 신기한 생명체들을 발견하거나 과거의 숨은 이야기를 찾아내기에 완벽한 곳이죠.

종유석

석순

쇼베 동굴 벽화

## 벽에 남겨진 이야기

동굴은 기억을 품고 있어요. 동굴 벽에서 발견된 가장 오래된 우리 선조들의 손바닥 자국은 그들이 어떻게 살아왔는지를 알려 줍니다. 프랑스 쇼베 동굴 같은 곳에서 발견된 상세한 오커(황토색 천연 그림물감) 그림은 그 옛날 화가들이 들소, 곰, 큰 고양잇과 동물들을 알고 있었다는 사실을 말해 주죠.

## 종유석? 석순?

땅에서 동굴로 물이 스며들면 물에 녹은 광물도 같이 섞이게 되죠. 방해석이라고 불리는 광물이 물에 녹은 뒤 흘러내려 천장에 뾰족한 형태로 매달리면 종유석이라고 불러요. 그 광물이 바닥에 뚝뚝 떨어져 쌓인 건 석순이라고 하고요.

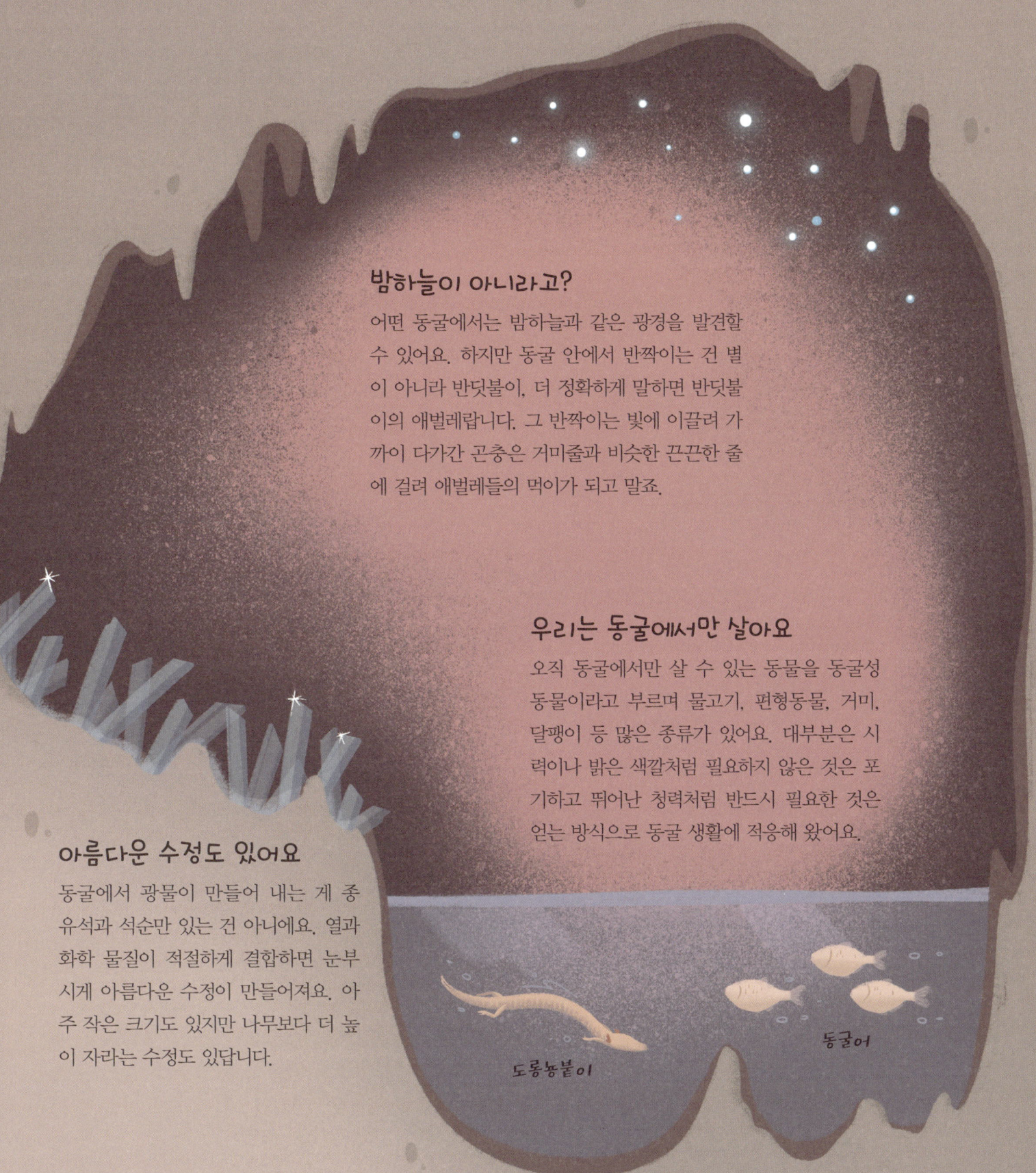

### 밤하늘이 아니라고?

어떤 동굴에서는 밤하늘과 같은 광경을 발견할 수 있어요. 하지만 동굴 안에서 반짝이는 건 별이 아니라 반딧불이, 더 정확하게 말하면 반딧불이의 애벌레랍니다. 그 반짝이는 빛에 이끌려 가까이 다가간 곤충은 거미줄과 비슷한 끈끈한 줄에 걸려 애벌레들의 먹이가 되고 말죠.

### 우리는 동굴에서만 살아요

오직 동굴에서만 살 수 있는 동물을 동굴성 동물이라고 부르며 물고기, 편형동물, 거미, 달팽이 등 많은 종류가 있어요. 대부분은 시력이나 밝은 색깔처럼 필요하지 않은 것은 포기하고 뛰어난 청력처럼 반드시 필요한 것은 얻는 방식으로 동굴 생활에 적응해 왔어요.

### 아름다운 수정도 있어요

동굴에서 광물이 만들어 내는 게 종유석과 석순만 있는 건 아니에요. 열과 화학 물질이 적절하게 결합하면 눈부시게 아름다운 수정이 만들어져요. 아주 작은 크기도 있지만 나무보다 더 높이 자라는 수정도 있답니다.

도롱뇽붙이

동굴어

# 땅속에 지은 집

이불을 돌돌 말고 누워서 편안하고 안전하다고 느낀 적이 있나요? 아마 굴속에서 사는 느낌이 그럴 거예요. 땅속에서는 겨울엔 따뜻하고 여름엔 시원하게 지낼 수 있어요. 배고픈 포식자들로부터 몸을 숨기기에도 완벽한 장소죠.

굴올빼미

토끼

두더지

여우

오소리

### 겨울에도 따뜻해요

오소리의 굴은 춥고 긴 겨울을 나기에 알맞은 곳이에요. 우리가 사는 집과 마찬가지로 오소리의 굴은 거실, 침실, 심지어 화장실까지 갖추고 있어요.

### 오늘은 너무 더운걸

시원하게 지내기에 굴만큼 좋은 곳이 없어요. 웜뱃은 한낮의 뜨거운 태양을 피해 굴에서 휴식을 취해요. 사막쟁기발두꺼비는 비가 올 때만 밖으로 나올 뿐, 한번 들어가면 몇 년간 굴속에서 지내기도 해요.

웜뱃

사막쟁기발두꺼비

빌비

유령게

스피니펙스껑충쥐

### 북적북적

형제자매와 한방을 쓰고 싶은 사람은 없겠죠? 미어캣도 그럴까요? 미어캣은 40마리에 달하는 한 무리가 굴 하나에 모여 산대요. 다행히 지하 집에는 복잡하게 얽힌 터널도 있고 출입구도 수십 개라고 해요.

미어캣

## 지하 도시

우리 발밑에는 무엇이 있을까요? 도시에 살고 있다면 아마 지하엔 미로처럼 얽힌 터널, 비밀 지하 금고, 수없이 많은 파이프가 있을 거예요. 사람, 전기, 물, 쓰레기를 먼 곳까지 운반할 때도 지하 네트워크를 이용해요. 지하철을 기다릴 때나 고장 난 파이프를 고치는 건설 노동자와 마주치면, 숨겨진 지하 세계를 살짝 엿볼 수 있어요.

### 땅 밑은 복잡해요

우리는 아무렇지 않게 전등 스위치를 켜거나 수도꼭지를 틀지만, 우리가 사용하는 에너지와 물은 지하 수백 킬로미터를 건너온 것이랍니다. 도시의 땅 밑에는 파이프와 전선이 촘촘하게 깔려 있어요. 하지만 뭔가 문제가 생겼을 때만 그 존재를 알아차리죠.

### 비밀 역이 있어요

도시가 변화함에 따라 지하철역과 터널도 변화해요. 오래된 지하철역이 지금의 열차와 맞지 않거나 사람들이 이용하기에 너무 좁을 경우, 그 역은 그냥 버려지게 돼요. 런던에는 우편물 운반에만 사용하는 숨겨진 철로도 있답니다.

## 씨앗 저장소도 있어요

어떤 은행은 지하 금고를 가지고 있어요. 두꺼운 강철로 벽을 만든 금고에 금을 보관해서 도둑이 얼씬도 못하게 하죠. 돈이나 금보다 더 소중한 것이 보관된 금고도 있어요. 노르웨이에 있는 거대한 지하 저장소에는 나중에 필요할 때를 대비해 온갖 씨앗 샘플이 보관되어 있답니다.

## 비밀 벙커로 피해요

벙커는 심각한 위험이 닥쳤을 때 사람들을 안전하게 지켜 주는 곳이에요. 일단 이곳으로 피한 다음 앞으로 어떻게 할지 계획을 세워야죠. 하지만 이런 장소는 사용할 일이 없으면 더 좋겠죠?

## 하수도 속으로

혹시 냄새가 나지 않나요? 우리가 흘려보낸 물이 마지막 여행을 하는 곳, 하수도에 왔어요. 좀 더럽게 느껴질 수도 있지만 하수도는 현대 도시에 없어서는 안 될 중요한 곳이랍니다. 하수도가 없는 삶은 상상할 수 없잖아요. 지난 수 세기 동안 쓰레기는 거리로 흘러나오거나 창밖으로 바로 버려졌어요.
이곳에서 일하는 사람들의 고마움을 잊지 마세요. 모든 게 잘 흘러가도록 일하는 한편으로 쥐는 물론 악어까지도 피해야 하니까요.

### 하수도 투어를 떠나요

19세기 파리에서는 하수도 관광이 인기를 끌었대요. 멋진 옷을 차려입은 사람들이 배를 타고 하수도 여기저기를 구경했던 것이죠. 참, 발밑을 조심하는 걸 잊지 마세요.

### 기상천외 분실물 보관소

하수도에서 공룡 화석, 소중한 반지, 잃어버린 보물 등이 발견된 적이 있어요. 심지어 뉴욕 하수도를 어슬렁거리던 악어에 대한 전설도 남아 있고요.

### 깊이, 더 깊이

거대 천공기의 도움으로 우리의 도시는 더 깊어지고 있어요. 점점 더 내려가다 보면 무엇을 만나게 될지 아무도 모른답니다.

## 으스스한 지하 묘지

여러분이 고대 로마 제국의 중요한 인물이었다면 카타콤이라는 지하 묘지에 묻혔을 거예요. 카타콤은 복잡한 도시 공간을 아끼기 위해 사용되기도 했어요. 17세기 파리에서는 공동묘지가 포화 상태가 되자 지하 몇 킬로미터 아래의 카타콤으로 시신을 옮겼어요.

## 팻버그가 나타났다!

우리가 흘려보낸 물질 대부분은 자연적으로 분해가 되거나 잘게 부서져요. 하지만 물티슈는 그렇지 않아요. 이것들은 지방, 기름과 합쳐져 거대한 '팻버그'를 만들어요. 그리고 이 지방 덩어리가 하수도를 떠다니다 길을 막으면 심각한 문제가 발생할 수 있어요.

# 땅에 묻힌 비밀

우리는 땅에서 발굴한 것들을 통해 과거의 비밀을 밝혀내요. 왕과 왕비는 보통 금과 보석으로 치장되어 있어요. 동전이나 장난감은 그 시대 평범한 사람들이 어떻게 살았는지 알려 주죠. 옛날 사람들의 생활 방식은 지금과 어떻게 달랐을까요?

서튼 후의 투구

점토로 만든 병사

## 삶과 죽음

어떤 문화에서는 사후 세계에 필요한 물건들을 죽은 사람과 함께 묻었어요. 죽음 이후 앞으로의 여정을 위해 화려하게 장식된 갑옷, 바이킹 배, 심지어 점토로 구워 만든 병사 부대를 왕이나 황제와 함께 묻었던 것이죠.

오세베르그 바이킹 배

독수리 피불라 브로치

루이스 체스맨

## 물건으로 과거를 읽어요

몇 가지 물건으로도 전반적인 문명을 엿볼 수 있어요. 이를테면 땅속에서 발견된 동전으로 누가 왕이었는지 알 수 있고, 넓적한 석판에 적혀 있는 글로 우리가 몰랐던 언어를 해독할 수도 있어요. 청동 원반으로는 오래전 사람들이 별을 연구한 방식을 알아낼 수도 있답니다.

메소포타미아 점토판

네브라 하늘 원반

로제타 스톤

고대 동전

고대 이집트의 관

## 찾는 사람이 주인?

과거는 누구의 것일까요? 그리고 땅속에서 발견한 물건은 누구의 것일까요? 박물관에 보관된 것들은 누구나 와서 보고 공부할 수 있어요. 하지만 그렇지 않은 것들은 그 물건을 남겨 놓은 조상의 후손에게 돌아가야겠죠.

## 1. 뜨거운 시작

**선캄브리아대**
**46억 년 전**

지구는 처음 몇십억 년 동안은 그다지 즐거운 곳이 아니었어요. 녹아내린 뜨거운 표면은 화산 폭발과 소행성 충돌에 취약한 불타는 듯한 곳이었거든요. 그러다 대기의 수증기가 비가 되어 떨어지면서 지구는 천천히 식어 갔고, 최초의 바다가 만들어졌어요. 운 좋게도 박테리아를 시작으로 새로운 생명체가 나타났어요.

## 2. 급격히 늘어 가는 생명체

**고생대**
**5억 4100만 년 전~2억 5200만 년 전**

대륙이 이동하면서 그 아래의 생명체들은 더욱 복잡해져 갔어요. 벌레를 닮은 작은 생물은 진화해서 바다의 박테리아를 먹게 되었고, 이후 삼엽충 같은 절지동물이 생겨났어요. 물고기가 진화하여 육지로 올라오려고 시도하는 동안 양치식물과 나무도 나타나기 시작했어요.

## 3. 그리고 몇 차례의 충돌

**페름기~트라이아스기 대멸종 사건**
**2억 5200만 년 전**

새로운 동식물이 생겨나는 동안 멸종도 함께 진행되었어요. 고생대는 지구상의 거의 모든 생명체가 사라지는 대규모 멸종 사건으로 끝이 났어요. 정확히 무슨 일이 있었는지는 알 수 없지만 아마도 커다란 소행성 때문이 아닌가 생각해요.

### 5. 포유류를 만나요

**신생대**

**6600만 년 전~현재**

공룡의 시대가 가고 포유류가 스포트라이트를 받는 시대가 왔어요. 판게아 조각이 지금의 대륙 모양으로 재배열되면서 새로운 종들이 진화했어요. 오늘날 우리가 알고 있는 동물들의 조상들이죠.

# 깊은 시간

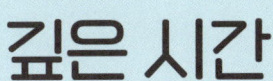

시간을 강이라고 생각해 보세요. 지구상의 모든 것은 때로는 천천히 흐르지만, 또 때로는 급격하게 변화를 겪어요. 그동안 큰 물결이 몇 번 일었어요. 그래도 생명은 쉬지 않고 흘러가기 위한 방법을 찾아왔어요.

### 4. 파충류가 지배하다

**중생대**

**2억 5200만 년 전~6600만 년 전**

지구가 다시 생명체로 가득 차기까지는 1000만 년 정도가 걸렸어요. 그러는 사이 익룡, 공룡, 해양 파충류 등 파충류가 하늘, 땅, 바다를 지배했어요. 초대륙 판게아는 천천히 분리되었지만, 이번에도 고생대처럼 큰 충돌로 끝을 맺어요.

### 6. 인류가 나타나다

**인류세**

아직 인간은 시간의 강에 발가락도 제대로 담그지 않았지만, 그 영향력만은 어마어마해요. 우리가 이 행성을 너무나도 많이 바꿔 놓았기에, 과학자들은 우리 이름을 따서 지금 시대를 인류세라고 불러요. 과연 이 인류세는 얼마나 오랫동안 지속될까요?

# 과거를 밝혀내는 단서

수백만 년 전 공룡이 죽어 그 시체가 강의 모래와 진흙에 덮였어요. 수천 년이 지나는 동안 흙은 굳고 뼈는 녹았어요. 그리고 그 빈 공간을 대신 차지한 광물이 돌처럼 딱딱하게 굳었는데, 이게 바로 화석이에요. 고대 식물, 조개껍데기, 곤충이 바위, 얼음, 화석 안에 그대로 보존된 채 발견되어 과거 지구는 어떤 모습이었는지 알려 준답니다.

거미불가사리 화석

암모나이트 화석

삼엽충 화석

티라노사우루스 렉스 화석

## 멈춰 버린 시간

화석의 발견으로 우리는 많은 사실을 알게 되었어요. 사막에서 발견한 양치식물 화석으로 그곳이 한때는 울창한 숲이었다는 걸 알 수 있어요. 또 산에서 조개껍데기를 찾았다면 거대한 산이 과거엔 물속에 잠겨 있었다는 사실을 알 수 있죠. 빠르게 온난화가 진행되는 상황 속에서 화석이 미래의 모습을 예측해 줄 수도 있어요.

종자 고사리 화석

발자국 화석

## 아침에 뭐 먹었어?

화석이라고 해서 멋지게 생긴 뼈만 있는 건 아니에요. 분석, 즉 화석화한 똥 역시 화석의 한 종류랍니다. 동물이 기어간 흔적, 발자국, 똥 같은 흔적 화석에도 풍부한 정보가 숨어 있어요. 그 똥의 주인공이 아침으로 뭘 먹었는지도 알 수 있고요.

배설물 화석

**암모나이트**
4억 1700만 년 전

**거미불가사리**
4억 5000만 년 전

**삼엽충**
5억 2100만 년 전

**티라노사우루스 렉스 발톱**

## 기억은 오래 남아요
껍데기가 단단한 바다 생물은 이미 진흙이 가득한 곳에 살고 있기 때문에 화석으로 만들어지기에 좋은 조건을 갖추고 있어요. 삼엽충과 암모나이트는 우리가 발견한 가장 오래된 화석으로 고대의 생활이 어떠했는지를 알려 준답니다.

**티라노사우루스 렉스**
6800만 년 전

## 추측이 필요한걸
우리는 공룡의 뼈로 공룡의 전체적인 형태는 알 수 있지만, 여전히 모르는 것도 많아요. 공룡이 무슨 색이었는지, 어떤 소리를 냈는지는 아직도 알 수 없어요. 고생물학자, 그중에서도 화석을 연구하는 학자들은 그 단서를 찾기 위해 현대의 동물과 비교한답니다.

**종자 고사리**
3억 6000만 년 전

**진흙에 찍힌 발자국**

**동물 배설물**

# 우리가 남겨 놓은 것

지금 우리가 서 있는 이 암석층이 만들어지기까지 수십억 년이 걸렸어요. 그러나 쓰레기층이 만들어지는 데는 전혀 시간이 걸리지 않았어요. 옷이나 최신 기기 등을 쉽게 사고 또 쉽게 버리는 우리의 소비 습관이 불러온 결과예요. 잊지 마세요. 우리가 묻어 버린 이것들은 다시 수면 위로 떠오른다는 사실을요.

## 낡은 옷은 그만!

누구나 세일을 좋아하죠. 하지만 싸다고 마구 사다 보면 그만큼 대가가 따라요. 나일론처럼 저렴한 옷감은 분해되는 데 수십 년이 걸려요. 폴리에스터는 수백 년이 걸리고요. 우리의 지구는 지금도 충분히 아름답기 때문에 우리의 낡은 옷은 필요가 없어요.

나일론 분해에
40년 이상

고무 분해에
50년 이상

## 심각한 전자 폐기물

새로운 기술의 발달로 어마어마한 양의 쓰레기가 생겼어요. 전자 폐기물은 제대로 재활용하지 못하면 독성 있는 화학 물질이 새어 나와 흙, 공기, 물을 오염시킬 수 있어요. 그건 이 땅과 사람을 포함한 동물에 아주 치명적이죠.

전자 폐기물 분해에
100만 년 이상

## 먹을 만큼만 만들어요

우리가 만드는 음식의 3분의 1이 결국 쓰레기통으로 간다는 사실을 알고 있나요? 남은 음식물 같은 유기 폐기물이 쓰레기 매립지에 들어오면, 음식이 썩으면서 기후 변화의 원인이 되는 온실가스가 발생해요.

유기 폐기물 분해에
1~6개월

알루미늄 캔 분해에
100년 이상

배터리 분해에
100년 이상

비닐봉지 분해에
20년 이상

## 플라스틱 문제

플라스틱은 만드는 비용이 저렴하지만 완전히 분해되기까지 시간이 오래 걸려요. 그리고 분해되는 과정에서 지구에 좋지 않은 영향도 끼치고요. 플라스틱은 분해되는 데 수백 년이 걸리고, 그 과정에서 해로운 화학 물질을 배출하여 야생 동물을 질식시킬 수도 있어요.

플라스틱 칫솔 분해에
500년 이상

플라스틱 병 분해에
450년 이상

## 눈에서 멀어지면 마음에서도 멀어져요

우리는 우리가 사는 곳 저 아래에 아주 위험한 물질도 묻어 두었어요. 원자력 발전의 부산물인 방사성 폐기물은 수백만 년 동안 위험한 채로 남아 있어요. 우리는 이걸 안전하게 보관할 방법을 지금도 찾고 있답니다.

## 앞으로 나아갈 길

우리는 시간을 생각하며 이미 일어난 일들을 떠올리기는 쉬워요. 하지만 앞으로 어떤 일이 펼쳐질지 상상하기는 쉽지 않아요. 우리의 자손들이 바라보는 세상은 어떤 모습일까요? 그들도 여전히 이 책에 나오는 장소에 방문하고, 책 속 동물들을 만날 수 있을까요?

미래 세대에게 건강한 지구를 물려주려면 한 가지는 확실해요. 바로 깊은 변화를 겪어야 한다는 사실이죠. 몇몇 뛰어난 사람들은 지금 이 순간에도 변화를 위해 노력하고 있어요. 여러분도 그들 중 하나가 될 수 있답니다.

## 여러분은 바로 여기 있어요

지구는 태양으로부터 세 번째 행성이고, 태양계에서 다섯 번째로 커요. 24시간이 살짝 못 미치는 시간 동안 자전축을 따라 회전하고, 365일이 살짝 넘는 시간 동안 태양 주변을 한 바퀴 돌아요.

### 외로워 말아요

넓은 우주를 생각하면 외롭다고 느낄 수 있어요. 하지만 그럴 때면 우리 주변에 얼마나 많은 이웃이 있는지를 생각하세요. 안드로메다은하는 우리 은하에서 250만 광년 떨어져 있어요. 쉽게 갈 수 있는 거리는 아니죠.

## 깊은 우주

여러분은 지금 불타는 별 주위를 빙글빙글 도는 조그만 바위 위에 앉아 있어요. 행성 일곱 개 그리고 그 주변의 달 수백 개와 소행성 수백만 개도 모두 마찬가지죠. 이 모든 것은 우리 은하의 팔에 자리하고 있으며, 이 은하는 초대질량 블랙홀 주변을 돌고 있어요. 어지럽지 않나요? 괜찮아요?

### 카이퍼대

여러분이 태양계를 벗어나 깊은 우주로 모험을 떠나려면 카이퍼대를 통과해야 해요. 우리는 이 얼음 고리가 태양계에서 떨어져 나온 자잘한 부스러기일 거라고 생각해요. 그리고 이곳에서 명왕성 같은 왜소 행성도 발견할 수 있어요.

# 우리 눈에 보이는 것

밤하늘을 올려다보면 무엇이 보이나요? 운이 좋다면 태양계 안에 있는 여덟 개의 행성 중 하나를 볼 수 있을지도 몰라요. 그리고 그 너머에 우리 은하의 수억 개의 별 중 일부 또는 우주의 수십억 개의 은하 중 하나를 볼 수도 있어요. 어쩌면 구름만 가득해서 아무것도 못 볼 수도 있고요.

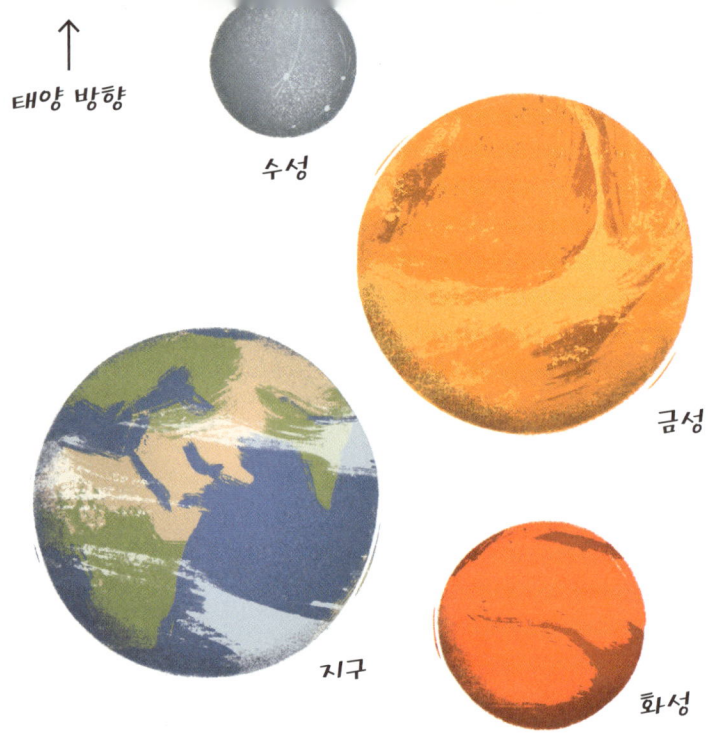

↑ 태양 방향

수성

금성

달

지구

화성

## 생명체를 위한 레시피

생명체가 탄생하기 위해서는 아주 복잡한 과정이 필요해요. 일단 행성이 있어야 해요. 그리고 그 행성은 너무 뜨겁지도 너무 차갑지도 않게 태양과 적당한 거리를 유지하며 태양 주위를 돌아야 해요. 거기에 산소, 탄소, 수소, 질소를 넣어 주고, 적당한 양의 다른 원소도 살짝 뿌려 줘야 해요. 그리고 수십억 년을 기다리면서 좋은 결과가 있기를 기도해야죠.

목성

토성

## 행성은 제각기 달라요

태양계 행성은 제각기 달라요. 금성처럼 표면에 화산이 가득하며 타는 듯이 더운 곳도 있고, 목성처럼 대부분이 기체로 이루어져 단단한 표면이 없는 곳도 있어요. 토성처럼 얼음과 바위로 이루어진 고리가 달린 곳도 있고, 천왕성처럼 수십 개의 달을 가진 곳도 있답니다.

해왕성

천왕성

## 다양한 모양의 은하

은하는 먼지, 가스, 수백 또는 수천억 개의 별이 중력과 암흑 물질에 의해 한데 뭉쳐진 거예요. 나선형, 타원형, 또는 모양이 뚜렷하지 않은 불규칙한 형태가 있어요. 태양계는 우리 은하의 나선형 팔에 속해 있어요.

나선 은하

타원 은하

불규칙 은하

성운

## 별도 태어나고 죽어요

별도 우리 인간과 마찬가지로 태어나고 죽어요. 성운은 먼지와 가스로 이루어진 거대한 구름이며, 보통 죽어 가는 별의 폭발 때문에 생겨나요. 이 먼지와 가스 조각들은 수십만 년에 걸쳐 중력에 의해 하나로 뭉쳐져요. 이렇게 뭉쳐진 덩어리가 자신의 무게를 견디지 못하고 붕괴될 지경에 이르면 온도가 높아지면서 새로운 원시별이 생겨난답니다.

### 블랙홀

태양보다 무거운 별이 죽어 가면서 붕괴하면 별을 이루는 물질은 아주 작은 공간으로 압축돼요. 이것은 매우 강력한 중력을 발생시켜 별, 행성, 심지어 빛조차 빨아들이는 블랙홀이 만들어지죠. 빛이 없기 때문에 우린 안에 무엇이 있는지 볼 수 없어요.

## 우리 눈에 보이지 않는 것

우주를 구성하는 대부분은 우리 눈에 보이지 않는 것들로 이루어져 있어요. 우리 눈에 보이는 것들이 보이지 않는 것들의 단서가 되어 준답니다. 나무에서 사과가 떨어지는 걸 보며 아래로 끌어당기는 보이지 않는 힘이 있다고 생각하는 것처럼 말이에요. 혹시 우주 깊은 곳에서 별들이 계속 사라지고 있다면 그 근처 어딘가에 블랙홀이 있다는 의미일 거예요.

### 중력

중력이 없다면 여러분과 이 책은 천장으로 둥둥 떠오를 거예요. 중력은 사물이 서로를 끌어당기는 보이지 않는 힘이에요. 물체의 질량이 클수록 중력도 더 커지죠. 중력이 있기에 달은 우리 지구 주위를 돌고, 지구는 태양 주위를 돈답니다.

### 암흑 물질

물질이란 여러분 눈에 보이는 모든 것을 이루고 있는 아주 작은 것이에요. 암흑 물질은 여러분 눈에 보이지 않는 것들을 이루고 있는 매우 작은 것이죠. 암흑 물질을 찾는다는 건 잃어버린 양말을 찾는 것과 비슷해요. 어딘가에 있다는 건 분명히 알지만 도무지 보이질 않으니까요.

# 미지의 세계로

여러분은 하늘의 달을 올려다보며, 달에 가면 어떨지 상상해 본 적 있나요? 아마 머지않은 미래에 가능할 수도 있어요. 우리는 50여 년 전부터 태양계를 탐험하기 위해 우주선을 띄웠어요. 그리고 모든 성공과 실패의 경험으로 우리가 살고 있는 놀라운 우주에 대해 많은 걸 배웠답니다.

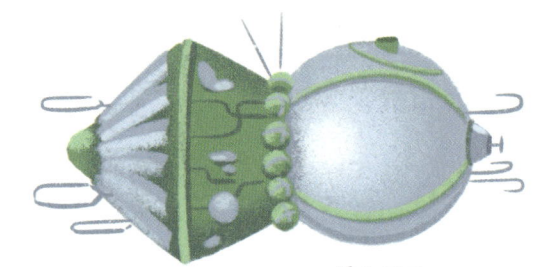
보스토크
1960~1963년

## 차근차근

러시아의 스푸트니크 1호는 지구 궤도를 성공적으로 돈 최초의 우주선이었어요. 이후 여러 나라는 우주에 사람과 탐사선을 먼저 보내려고 치열하게 경쟁했고, 마침내 달에 발을 디딜 수 있었어요.

아폴로
1961~1972년

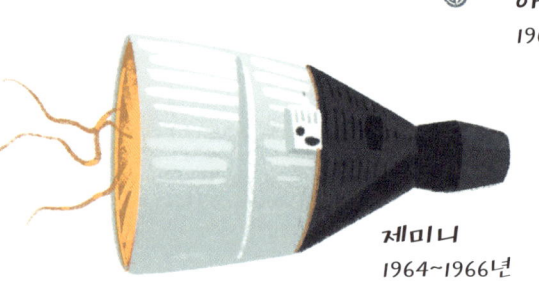
제미니
1964~1966년

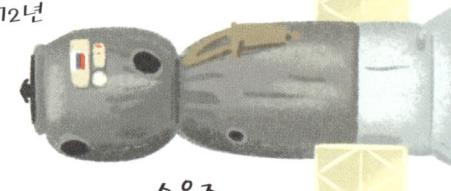
소유즈
1966~현재

머큐리
1959~1963년

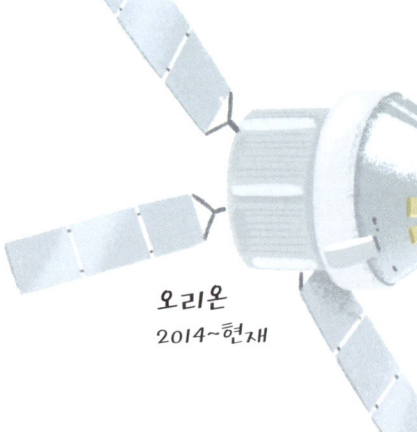
오리온
2014~현재

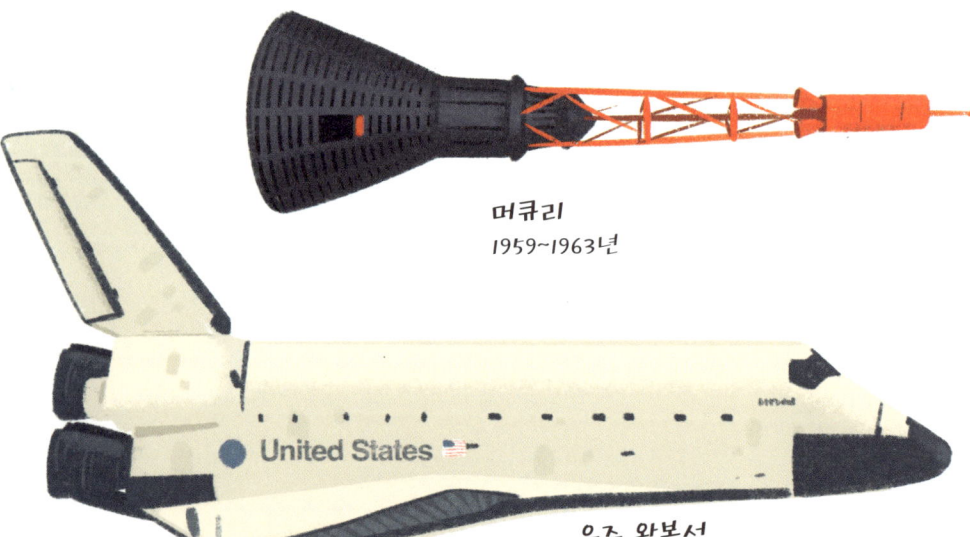
우주 왕복선
1981~2011년

## 사람 대신 우주선을 보내요

깊고 먼 우주로 여행을 한다고 해도 사람 혼자 힘만으로는 그렇게 멀리까지 가지 못해요. 그래서 우주선을 만들고 조종을 해요. 오리온 우주선은 깊고 먼 우주에서 인간의 생활을 돕도록 설계되었어요. 오리온이 언젠가 우리를 화성 너머로 데려다줄 거예요.

선저우
1999~현재

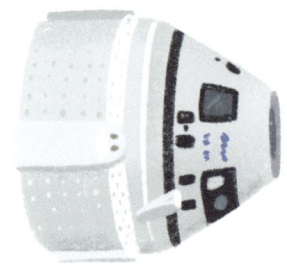
스타라이너
2019~현재

## 구석구석 샅샅이

우리가 직접 가지 못하는 곳에는 탐사선을 보낼 수 있어요. 탐사선의 모양과 크기는 제각각 달라요. 하지만 정보를 모아 지구로 보낸다는 목표만은 모두 똑같답니다. 다른 행성의 궤도나 소행성 위에서 태양을 연구하는 탐사선도 있어요.

**사키가케**
핼리 혜성 상공 비행

**파이오니어 6**
태양풍 연구

**파이오니어 10**
목성 상공 비행

**뉴 호라이즌**
명왕성 상공 비행

**주노**
목성 궤도 비행

**마리너 10**
수성과 금성 상공 비행

**갈릴레오**
목성 상공 비행

## 아직도 여행 중

보이저 1호와 그 쌍둥이 보이저 2호는 지구로부터 가장 먼 곳을 여행하고 있어요. 1977년에 발사된 보이저 1호는 목성과 토성을 지나 계속해서 날아가, 지금은 태양계를 벗어났고, 카이퍼대를 통과해 성간 우주에 들어섰어요. 꽤나 머나먼 거리를 오랫동안 여행 중이죠!

**로제타**
혜성 궤도 비행

**카시니**
토성 방문

**보이저 1**
현재 성간 우주에 있음

**오시리스렉스**
소행성으로부터 샘플 채취

## 대뇌

대뇌는 뇌에서 가장 크고 구불구불한 부분을 말해요. 좌우로 크게 나뉘어 있고, 각각을 반구라고 불러요. 왼쪽은 글쓰기와 말하기 같은 논리적인 것을 책임지고, 오른쪽은 상상력이나 창의력과 관련 있어요.

## 소뇌

소뇌는 대뇌 바로 아래에 있어요. 움직임, 균형, 운동 학습을 책임지죠. 자꾸 넘어져도 결국 자전거를 탈 수 있게 되는 건 다 소뇌 덕분이에요.

### 눈 깜짝할 사이에

우리 뇌는 마치 이어달리기를 하듯 일을 해요. 달리기 선수는 뉴런이라고 불리는 세포로, 전기가 전달되는 속도로 뉴런끼리 메시지를 전달해요. 수십억 개의 뉴런이 우리의 뇌와 신경계 사이에서 메시지를 전달하여 몸이 무엇을 해야 하는지를 알려 주죠.

## 깊은 몸속

복잡하게 얽힌 전선과 신기한 생명체들을 찾아서 굳이 깊은 땅속이나 바다 밑바닥으로 갈 필요가 없어요. 우리의 몸속 깊은 곳만큼 복잡한 곳은 없거든요. 모든 신경, 근육, 뼈는 각기 다른 일을 해요. 무슨 일을 하는지조차 눈치채지 못하게 조용히 말이에요.

### 좋은 꿈 꾸세요

밤에 우리의 몸이 잠든다고 해서 정신까지 잠드는 건 아니에요. 우리가 잠을 자는 동안에도 뇌는 바쁘게 기억을 저장하고, 창의적인 문제를 해결하며, 독소를 청소해요. 새로운 하루를 맞을 준비를 하는 거죠.

### 뇌간

뇌간은 대뇌 및 소뇌와 척수를 연결하는 줄기 역할을 하는 부위예요. 호흡, 소화, 심장 박동 같은 무척 중요한 일도 맡고 있어요.

### 바쁘다 바빠

우리 몸에서 가장 큰 기관은 뇌나 폐가 아니라 바로 피부예요. 이 놀라운 기관은 극한의 기온, 몸에 좋지 않은 화학 물질, 세균으로부터 몸을 보호해요. 피부 안에는 무언가를 느끼게 해 주고, 땀을 흘리고, 털을 자라나게 하는 신경, 분비선, 모낭이 가득 들어 있답니다.

### 피부 아래

우리 몸은 물렁물렁한 부분인 장기와 그걸 보호하는 단단한 부분인 골격으로 이루어져 있어요. 근육과 피부에 둘러싸인 곳 안에는 신경과 혈관이 복잡하게 얽혀 있어요. 사람의 몸은 저마다 다르지만 놀라운 일을 한다는 건 분명해요.

### 근육을 뽐내 봐

근육은 두 가지를 잘해요. 바로 수축과 이완이에요. 근육이 수축하면 뼈와 혈관을 끌어당겨 춤을 추고, 노래를 하며, 마라톤을 할 수 있어요. 물론 그냥 앉아서 책을 읽을 수도 있고요. 근육은 끌어당기기는 하지만 밀어 내지는 못하기 때문에, 종종 한 쌍을 이룬 근육이 각각의 방향으로 수축해서 움직여요.

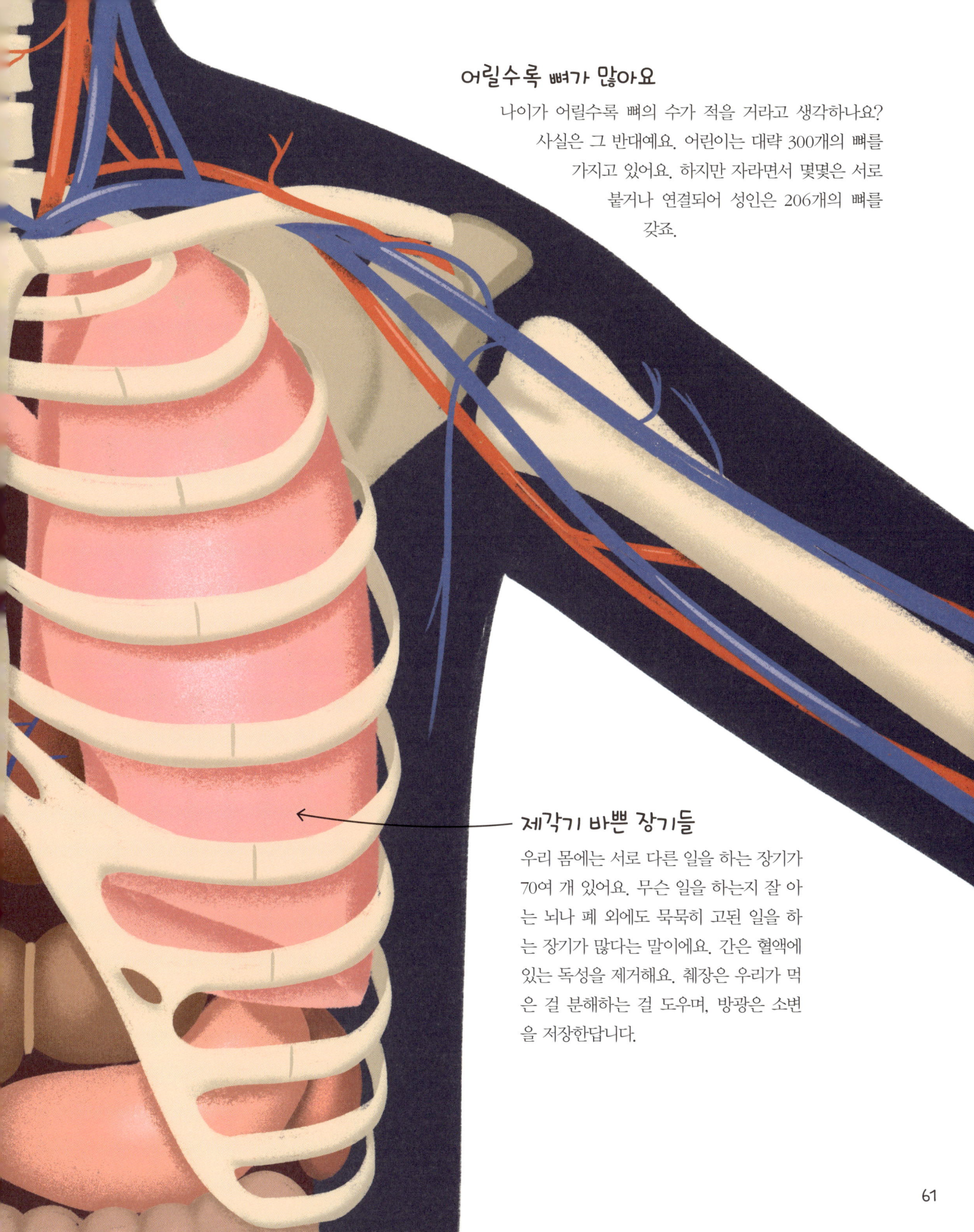

### 어릴수록 뼈가 많아요

나이가 어릴수록 뼈의 수가 적을 거라고 생각하나요? 사실은 그 반대예요. 어린이는 대략 300개의 뼈를 가지고 있어요. 하지만 자라면서 몇몇은 서로 붙거나 연결되어 성인은 206개의 뼈를 갖죠.

### 제각기 바쁜 장기들

우리 몸에는 서로 다른 일을 하는 장기가 70여 개 있어요. 무슨 일을 하는지 잘 아는 뇌나 폐 외에도 묵묵히 고된 일을 하는 장기가 많다는 말이에요. 간은 혈액에 있는 독성을 제거해요. 췌장은 우리가 먹은 걸 분해하는 걸 도우며, 방광은 소변을 저장한답니다.

# 몸속 많은 일꾼들

우리 몸은 셀 수 없이 많은 작은 일꾼들의 집이에요. 어떤 것들은 아주 중요한 일을 맡아 바쁘게 일하고, 또 어떤 것들은 내장 안에서 공짜 음식을 즐겨요. 종종 나쁜 녀석들도 등장하지만 걱정하지 마세요. 안전을 위해 아까부터 지켜보고 있으니까요.

근육 세포

성 세포
난자와 정자

적혈구

피부 세포

백혈구

## 각자 맡은 일이 달라

모든 생명체는 하나 이상의 세포로 이루어져 있어요. 우리 인간은 수십 조 개의 세포를 가지고 있고요. 그중 혈액 세포는 감염과 싸우고 몸 전체에 산소를 운반해요. 피부를 자라게 하거나 뼈를 치료하거나 심지어 다른 세포로 변화하는 세포도 있어요.

지방 세포

신경 세포

줄기세포

골세포

## 세포야, 연락해

세포는 화학적인 신호를 보내 서로 대화를 하는데, 그 방법이 제각기 달라요. 직접 가서 부딪칠 수도 있고, 혈류로 화학 물질을 내보낼 수도 있답니다.

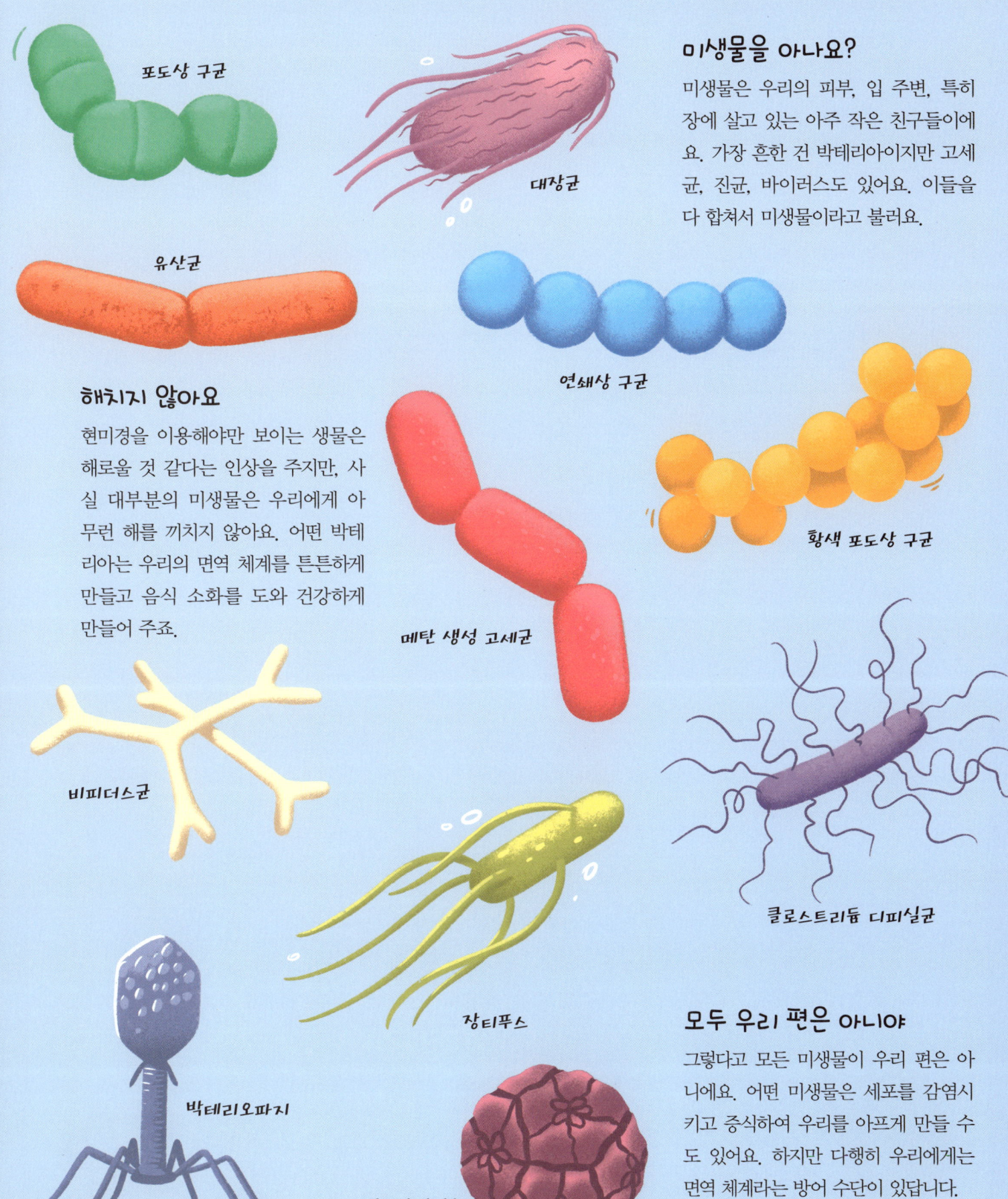

# 깊은 관계

수백만 킬로미터 떨어져 있다 해도 깊은 곳에 사는 것들에게는 공통점이 있어요.
이 신기한 깊은 관계를 밝혀내면 우주가 어떤 곳인지,
이곳에서 잘 살아가기 위해서는 어떻게 해야 하는지 힌트를 얻을 수도 있어요.

나사(NASA, 미국 항공 우주국)는 다른 행성의 생명체는 어떤 모습일지 알아내기 위해 심해의 열수 분출공을 연구해요.

과학자들은 우리의 마음이 어떻게 작동하는지 알아내기 위해 해양 생물을 관찰해요.

우리 은하에 있는 별보다 우리 몸에 있는 미생물이 더 많아요.

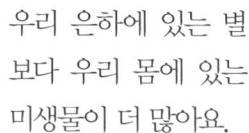

우리 뇌의 신경망은 우주의 지도와 무척 닮았어요.

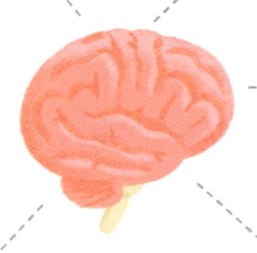

아마존 열대 우림의 어떤 버섯은 심해 생물처럼 생물 발광을 해요.

우리 장 속에 사는 미생물은 우리 기분에도 영향을 끼칠 수 있어요.

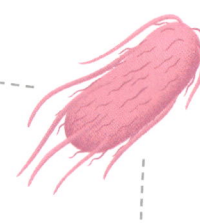

과학자들은 나무들이 화학 신호를 이용해 서로 의사소통을 한다고 생각해요. 우리 뇌처럼 말이에요.

우리는 미래에 어떤 화석을 남기게 될까요?

과학자들은 공룡 시대부터 살아온 미생물을 발견했어요.

버섯은 공룡을 멸종시킨 대멸종 사건도 견뎌 내고 살아남았어요.

# 깊은 곳에서 살아남기

깊은 곳은 위험할 수 있어요.
그러니 그곳을 가장 잘 아는 친구들에게 깊은 곳에서도
살아남을 수 있는 방법을 몇 가지 배워 봐요.

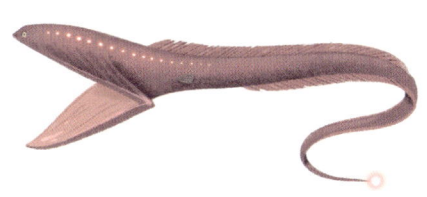

### 빛을 밝혀라

어둠이 무섭나요? 걱정할 것 없어요. 몇몇 동식물이 직접 빛을 만들어 내는 것을 생물 발광이라고 해요. 생물 발광은 원래 모습을 숨길 수도 있고 먹잇감을 유인할 수도 있으니 아주 쓸 만한 기술이죠.

### 갑옷을 키워라

피부가 너무 부드럽다면 갑옷을 입어요. 동물 겉면에 있는 뼈를 외골격이라고 하는데, 여린 내부를 보호하기에는 이것만큼 좋은 방법이 없어요. 다만 외골격은 자라지 않기 때문에 수시로 벗고 새로운 갑옷을 만들어 입어야 해요.

### 먹을 수 있을 때 먹어라

깊은 곳에는 먹이가 부족해요. 그러니 먹을 게 나타나면 뭐든지 다 집어 삼킬 수 있게 입이 커야 해요. 힘들게 식사한 후에는 가만히 앉아서 쉬어요. 그래야 소화가 천천히 되어 배가 덜 고플 테니까요.

### 주변 환경에 스며들어라

막대기인 척 꼼짝 않고 있을 수 있나요? 얼마나 오랫동안 가능한가요? 한참 동안 가능하다면 여러분도 위장의 달인이 될 수 있어요. 먹잇감이 되지 않기 위해, 또는 다른 먹잇감에 몰래 다가가기 위해 위장이 제일 좋은 방법이죠.

### 아니면 눈에 확 띄어라

아예 눈에 띄는 게 더 나을 때도 있어요. 짝짓기 상대를 찾을 때, 또는 엮이고 싶지 않은 적에게 경고의 메시지를 보낼 때는 오히려 밝고 화려한 색이 좋은 방법이 될 수 있답니다.

### 적응하라

가장 중요한 생존 기술은 체력이나 두뇌가 아니에요. 바로 변화에 적응하는 것이죠. 환경에 맞게 진화하는 것이 깊은 곳에서도 잘 살아갈 수 있는 최선의 방법이에요. 우리도 변화하는 세상에 적응해서 잘 지낼 수 있을까요?

# 용어 사전

**갑각류** 딱딱한 껍데기(외골격)를 가진 동물로 여러 쌍의 다리를 가지고 있으며 보통 물에서 살아요. 새우, 로브스터, 게 등이 있어요.

**군집** 함께 모여 살면서 밀접하게 상호 작용하는 생물 집단을 말해요.

**대멸종** 생물이 지구상에 나타난 이후 지구 환경이 갑작스럽게 변화하여 최소 열한 차례에 걸쳐 생물이 크게 멸종한 사건이 있었어요. 그 가운데 규모가 큰 다섯 차례의 멸종을 말해요.

**마리아나 해구** 태평양 서부 마리아나 제도의 동쪽에 있는 지구에서 가장 깊은 해구예요. 길이는 2,550킬로미터, 평균 너비는 70킬로미터, 깊이는 8,000미터가 넘어요.

**문명** 인류가 이룩한 물질적, 기술적, 사회 구조적인 발전을 말해요. 자연 그대로의 원시적 생활에 상대하여 발전되고 세련된 삶의 양태를 뜻하죠. 고대 로마, 고대 이집트, 아즈텍 등이 고대 문명 사회의 예시라고 할 수 있어요.

**미생물** 특정 환경에서 함께 살아가는 박테리아, 바이러스, 균류 등의 작은 생물이에요. 특히 사람의 몸 안팎에서 사는 미생물을 '마이크로바이옴'이라고 해요.

**미세 플라스틱** 비닐봉지나 플라스틱 병에서 나온 매우 작은 플라스틱 조각으로 해양 오염의 원인이 돼요.

**박테리아** 하나의 세포로 이루어진 살아 있는 작은 생명체예요. 모든 자연환경에서 발견되죠.

**분해** 동물이나 식물 등이 죽은 후 이산화탄소, 물, 영양소와 같은 더 간단한 물질로 나뉘는 것을 말해요.

**생물 발광** 생물체가 스스로 빛을 내는 현상으로 균류, 세균류, 반딧불이, 지렁이, 해파리 등에서 볼 수 있어요.

**심해 거대증** 심해저의 생물 일부가 일반 환경의 종들에 비해 크게 자라는 것을 말해요. 낮은 온도, 식량 부족, 적은 산소 등이 원인이라고 해요.

**애벌레** 알에서 나온 후 아직 다 자라지 않은 상태의 벌레를 말해요.

**열수 분출공** 지각 틈 사이로 스며든 물이 마그마로 뜨거워진 후 다시 솟아 나오는 구멍이에요. 주로 지각판의 경계선인 '불의 고리' 지역의 심해에서 발견돼요.

**온실가스** 지구 대기를 오염시켜 온실 효과를 일으키는 가스를 통틀어 이르는 말이에요. 이산화 탄소, 메탄 등이 있어요.

**진화** 생명체가 오랜 세대에 걸쳐 서서히 변화하는 것으로, 오늘날 살아 있는 모든 생명체는 초기 형태로부터 진화했어요.

**판게아** 대륙 이동설에서 현재의 대륙들이 하나의 커다란 대륙을 이루고 있을 때의 이름이에요. 약 3억 년 전 고생대 말기부터 중생대 초기까지 존재했다고 해요.

**팻버그** 기름을 뜻하는 영어 단어 '팻(fat)'과 빙산을 뜻하는 단어 '아이스버그(iceberg)'를 합한 말로, 우리가 하수구에 버린 폐식용유, 음식물 기름, 샴푸 등이 물속의 칼슘 성분과 결합하여 덩어리로 굳은 것을 말해요. 특히 물티슈는 분해되는 데 500년이 걸린다고 해요.

**포식자** 다른 동물을 먹이로 하는 동물을 말해요.

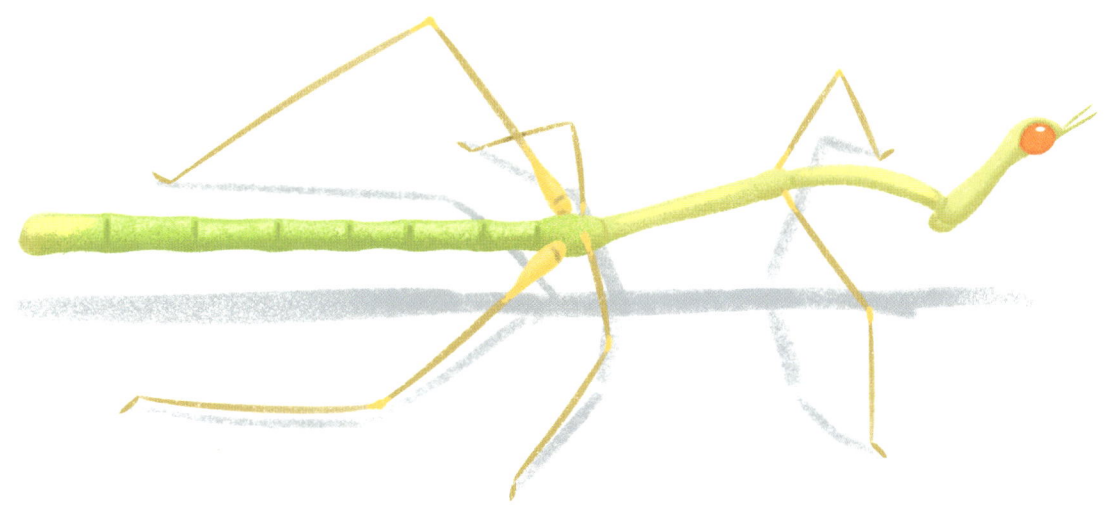

# 찾아보기

**ㄱ**
갑각류 19
개구리 22
개미 24–25, 26
게 15, 35
고래 12, 21
곤충 20, 21, 23, 24–25, 26, 27, 44
공룡 43, 44–45
광물 30–31, 32, 33, 44
군집 24, 25
굴 34–35
근육 59, 60
기후 변화 47
꿈 59

**ㄴ**
나무 20, 21, 42, 64
난파선 18–19
뇌 58–59, 64

**ㄷ**
대멸종 42, 64
대양저 18, 19
동굴 32–33
동굴성 동물 33
등각류 14, 15

**ㅁ**
마그마 29, 30
마리아나 해구 19
면역 체계 63

무척추동물 16
문명 41
물고기 14, 16, 17, 19, 33, 42
미생물 63, 64
미세 플라스틱 19
미어캣 35

**ㅂ**
바다 11–19, 42, 43, 45, 59
박테리아 14, 42, 63
반딧불이 33
방사성 폐기물 47
버섯 20, 24, 26, 64
벙커 37
별 41, 52, 53, 54
보이저 우주선 57
분석 44
분해 39, 46, 47, 61
블랙홀 51, 54
뼈 44, 45, 60, 61

**ㅅ**
새 21, 22, 23
생물 발광 16, 64, 65
석순과 종유석 32, 33
세포 59, 62, 63
숲 20–27
심해 거대증 14–15
쓰레기 19, 25, 38, 46–47

## ㅇ

아마존 열대 우림 21, 22, 64
암석 28, 30
암흑 물질 53, 54
애벌레 24, 33
열수 분출공 13, 14, 64
오소리 34
오징어 14, 15, 16
외골격 15, 65
온실가스 47
우리 은하 51, 52, 53, 64
우주 50-55
우주선 56-57
우주 탐사선 57
원숭이 21, 22, 23
웜뱃 35
위장 27, 65
유기 폐기물 47
은하 51, 52, 53
인류세 43
인체 58-63

## ㅈ

잠수정 18
장기 60, 61
적응 16, 33, 65
전자 폐기물 46
절지동물 15, 42
정글 22-25
중력 53, 54
지네 27

지하 32-39
지하 금고 36, 37
지하철 36
진화 42-43

## ㅋ

카이퍼대 51, 57
카타콤 39
크라켄 14

## ㅌ

탈피 15
태양계 50-53, 56

## ㅍ

판게아 43
팻버그 39
포식자 12, 15, 16, 21, 23, 34
플라스틱 쓰레기 19, 47
피부 60, 62

## ㅎ

하수도 38-39
하층 식물 20
해구 13, 18, 19
행성 50, 51, 52
화산 18, 29, 42, 52
화석 44-45, 64
흰입술페커리 20

### 지은이 제스 맥기친 Jess McGeachin

오스트레일리아의 떠오르는 그림책 작가이자 일러스트레이터입니다. 대학에서 커뮤니케이션 디자인을 공부하고 그래픽 디자이너로 일하다 뒤늦게 그림책 작업을 시작했습니다. 특히 과학 삽화가로 일한 어머니의 영향과 그 자신이 멜버른 박물관에서 일한 경험이 자연과 숨겨진 세상에 대해 상상하고 그것을 그림으로 옮기는 데 큰 역할을 했습니다. 2019년 첫 그림책 《Fly》로 오스트레일리아 아동도서위원회(CBCA) 크라이튼상 후보와 퀸즐랜드 문학상 최종 후보에 올랐습니다. 그리고 《DEEP 딥》은 2023년 CBCA 이브 포날상 부문의 주목할 만한 도서에, 《HIGH 하이》는 2024년 CBCA 이브 포날상 부문의 주목할 만한 도서에 선정되었습니다. 이 밖에도 《LOST》 등의 그림책과 논픽션 책을 비롯하여 아홉 권의 책을 펴냈습니다.

### 옮긴이 윤영

서울대학교 미학과를 졸업하고 같은 대학원에서 고고미술사학과를 수료했습니다. 현재 번역 에이전시 엔터스코리아에서 번역가로 활동 중입니다. 옮긴 책으로는 《아이디어가 고갈된 디자이너를 위한 책: 로고 디자인 편》 《아이디어가 고갈된 디자이너를 위한 책: 일러스트레이션 편》 《아이디어가 고갈된 디자이너를 위한 책: 타이포그래피 편》 《광활한 우주 대탐험》 《발명의 역사》 《과학 속 슈퍼스타》 《세상에 대하여 우리가 더 잘 알아야 할 교양 85》 등 다수가 있습니다.

### 감수자 정현철

서울대학교 지구과학교육과를 졸업하고 같은 학교에서 과학교육 및 천문학 전공으로 석사, 박사 학위를 받았습니다. KAIST 과학영재교육연구원장을 지냈습니다. 과학 영재들이 수학, 과학의 핵심 개념과 원리를 이해하고, 이를 바탕으로 창의성과 탐구 능력을 향상시킬 수 있는 교육자료 개발과 국가 과학 영재 교육 정책과 관련된 다양한 연구를 수행하고 있습니다.

# DEEP 딥

**1판 1쇄 발행**  2024년 6월 7일
**1판 3쇄 발행**  2025년 6월 9일

**지은이**  제스 맥기친
**옮긴이**  윤영
**감  수**  정현철

**발행인**  김기중
**펴낸곳**  도서출판 더숲
**주소**  서울시 마포구 동교로 43-1 (04018)
**전화**  02-3141-8301
**팩스**  02-3141-8303
**이메일**  info@theforestbook.co.kr
**페이스북**  @forestbookwithu
**인스타그램**  @theforest_book
**출판신고**  2009년 3월 30일 제2009-000062호

**ISBN**  979-11-92444-94-9 73400

※ 이 책은 도서출판 더숲이 저작권자와의 계약에 따라 발행한 것이므로
  본사의 서면 허락 없이는 어떠한 형태나 수단으로도 이 책의 내용을 이용하지 못합니다.
※ 잘못된 책은 구입하신 곳에서 바꾸어 드립니다.
※ 책값은 뒤표지에 있습니다.
※ 여러분의 원고를 기다리고 있습니다. 출판하고 싶은 원고가 있는 분은
  info@theforestbook.co.kr로 기획 의도와 간단한 개요를 적어 연락처와 함께 보내주시기 바랍니다.

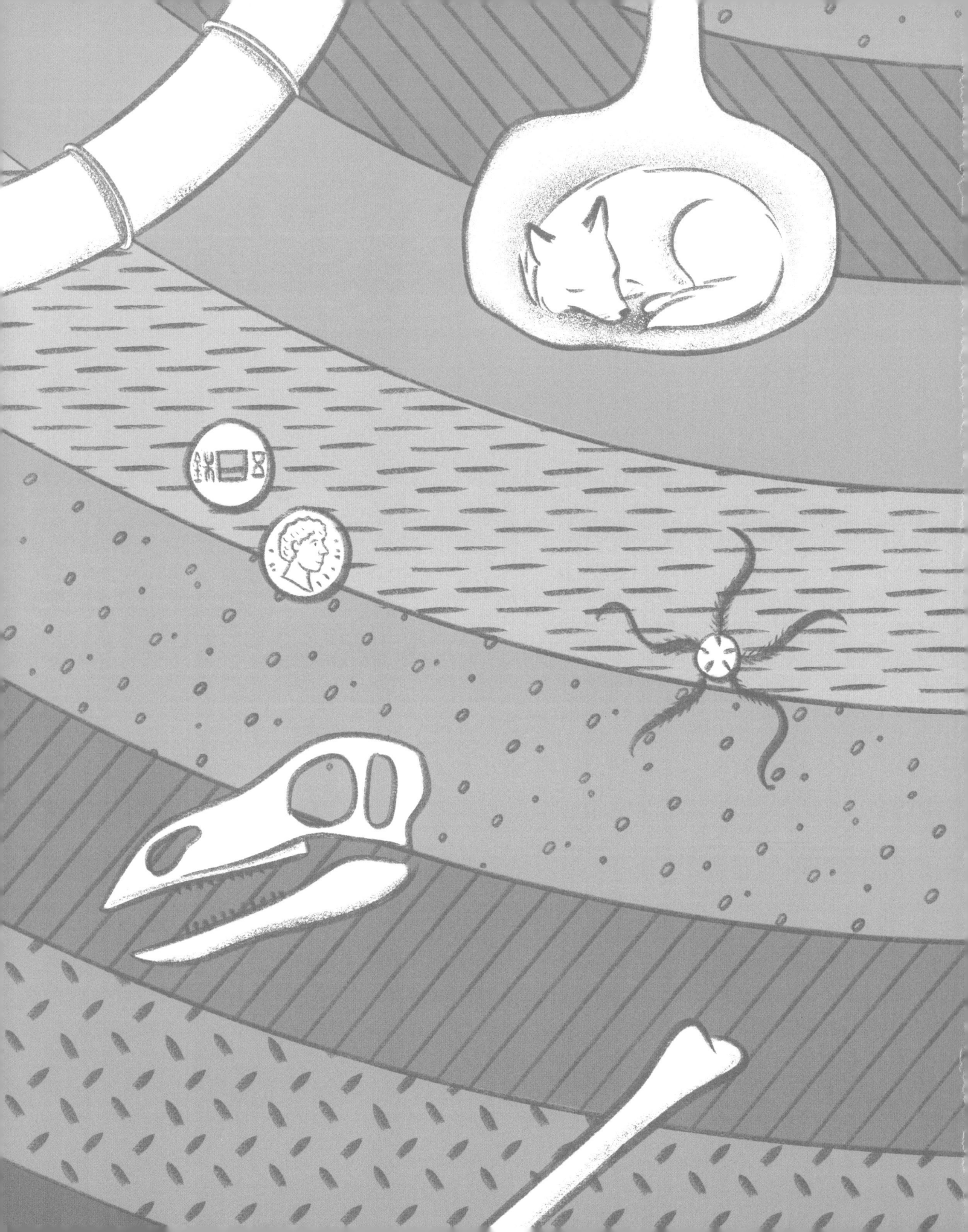